CW01655469

Maria Kownacka

PLASTUSIOWY PAMIĘTNIK

Maria Kownacka

PLASTUSIOWY PAMIĘTNIK

Ilustracje Artur Piątek

Siedmioróg

LEKTURA DLA KLASY I SZKOŁY PODSTAWOWEJ

ISBN 978-83-7791-295-9

Wydawnictwo Siedmioróg
ul. Krakowska 90, 50-427 Wrocław
Księgarnia wysyłkowa Wydawnictwa Siedmioróg
www.siedmioróg.pl

Wrocław 2015

Jak powstał „Plastusiowy pamiętnik"

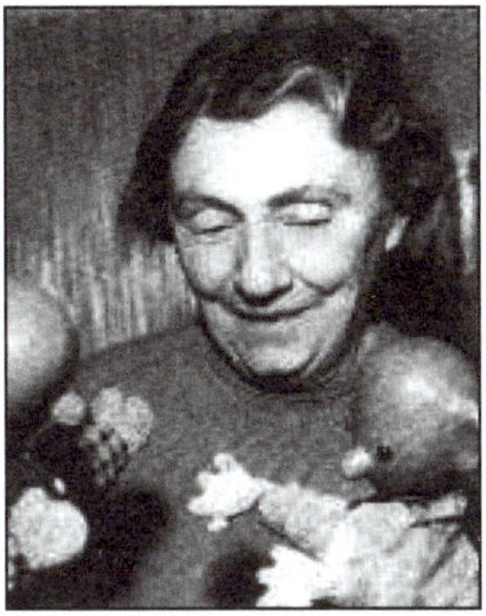

Było to bardzo dawno temu. Wasze mamusie nosiły wówczas jeszcze krótkie sukienki, a czesały się w warkoczyki z kokardkami albo obcinały włosy „na poleczkę".

Redaktorka „Płomyczka" umyśliła sobie wtedy, żebym koniecznie pisała opowiadanie o szkole, które ciągnęłoby się w pisemku przez cały rok, a bohaterem opowiadania miał być taki ludzik z drzewa czy też z gałganków.

A ja wcale nie miałam ochoty o tym pisać!

– To będzie bardzo nudne! – powiedziałam.

Ale jak redaktorka coś postanowi, to na to nie ma sposobu!...

Co tu począć?

Od czego jednak człowiek ma przyjaciół?!...

Miałam taką siedmioletnią przyjaciółkę, Krysię. Nie czesała się ani w warkoczyk z kokardkami, ani „na poleczkę", tylko nosiła czuprynę, jak chłopak i palce miała zawsze pomalowane atramentem, bo właśnie przestała pisać ołówkiem i zaczynała gryzmolić pierwsze kulfony – piórem! A oprócz tego opowiadała i ozdabiała wspaniałymi rysunkami dziwne i piękne historie. Nieraz naradzałyśmy się z Krysią, o czym by tu ciekawym do „Płomyczka" napisać.

Myślę więc sobie: „Pójdę do Krysi, ona na pewno poradzi!"

Krysia wysłuchała mnie poważnie i mówi:

– Masz rację, jeżeli „on" będzie z drzewa albo z gałganków, to do niczego! Wyjdzie nudziarstwo!... Ale czekaj, siądziemy na ławce, może się coś wymyśli.

Więc usiedliśmy na ławce pod krzakiem jaśminu – miś Krysi, Krysia i ja. Popodpieraliśmy głowy – miś łapką, a my – rękami... Myślimy... Myślimy... Myślimy...

I nic... Nikt z nas jakoś ani rusz – nic nie możemy wymyślić...

Ale Krysia mnie pociesza:

– Czekaj, nic się nie martw, to się samo znajdzie!

I rzeczywiście. W dwa dni potem do moich drzwi – buch!... buch!... buch!... ktoś gwałtownie zakołatał. Biegnę co tchu otworzyć – we drzwiach stoi Krysia.

Oczy jej płoną, spod beretu wygląda wiecheć czupryny, tornister przerzucony przez jedno ramię.

– Już mam!... Już wiem!... – krzyczy od progu.

– Co masz, co wiesz, Krysiu?!...

– Wiem, z czego „on" będzie!...

I Krysia zdziera z pleców tornister, z tornistra wyjmuje piórnik, a z piórnika, moi kochani – tyciusieńkiego ludzika jak ziarnko fasoli, z perkatym nochalkiem i odstającymi uszami. Stawia go sobie na dłoni i woła:

– Widzisz!... Teraz rozumiesz, z c z e g o „o n" będzie?!...

Kiwnęłam głową w zachwycie.

– Rozumiem. Z p l a s t e l i n y!...

– A na imię będzie mu P l a s t u ś! Takeśmy sobie z Tosią umyśliły! Bo to Tosia go ulepiła na lekcji!

– A któż to jest ta Tosia?

– Tosia to moja koleżanka. Ona jest najlepsza ze wszystkich. Musisz koniecznie napisać o Tosi i o Plastusiu!... Rozumiesz, można mu będzie dolepić uszy, jakie się chce, rozwałkować nos jak trąbę słoniową, no i będzie mieszkał stale u Tosi w piórniku!

– A może i o tobie napisać?

– Nie, o mnie nie pisz, ja jestem zawsze rozczochrana i palce mam zawsze uwalane atramentem!

– To wiesz, może ten Plastuś będzie wojował z atramentem, żeby dzieciom palców nie brudził?

– Tak... tak... niech wojuje i niech ma tysiąc przygód! A o Tosi, jaka ona jest, to już ja ci opowiem i przyprowadzę ją do ciebie!

Odtąd Plastuś stał na moim stole, a pamiętnik jego pisało się tak łatwo, jakby naprawdę on sam opowiadał w nim swoje przygody.

A teraz... Powiem wam w sekrecie: Krysia teraz już jest dorosła, pracuje jako lekarz i nawet nosi okulary.

Otóż jeżeli kiedy będzie was prześwietlała pani doktor, która nosi biały fartuch i okulary, jeżeli z wami wesoło pożartuje, a na jej biurku, obok różnych mądrych przyrządów, będzie stał Plastuś – poznacie go zaraz po odstających uszach i perkatym nochalu! – to zapytajcie wtedy pani doktor, czy jej na imię K r y s t y n a...

To będzie na pewno ta właśnie Krysia, która wymyśliła Plastusia...

Od tego czasu minęło wiele lat.

„Plastusiowy pamiętnik" pierwszy raz ukazał się w „Płomyczku" 2 września 1931 roku, a w książce wyszedł po raz pierwszy w roku 1936.

„Plastusiowy pamiętnik" tłumaczony jest na wiele języków obcych i zdaje się, że wszędzie, gdzie się ukaże – jest bardzo lubiany przez dzieci. Nic dziwnego – przecież dzieci na całym świecie mają piórniki i wojują z atramentem!

MARIA KOWNACKA

Dlaczego nazywam się Plastuś

Jestem malutki ludzik z plasteliny. Dlatego na imię mi Plastuś. Mam śliczne mieszkanie: oddzielny drewniany pokoik. Obok mnie, w drugim pokoju, mieszka **tłuściutka**, biała guma. Ta guma nazywa się „myszka". A zaraz koło gumki mieszkają cztery błyszczące, **ostre** stalówki.

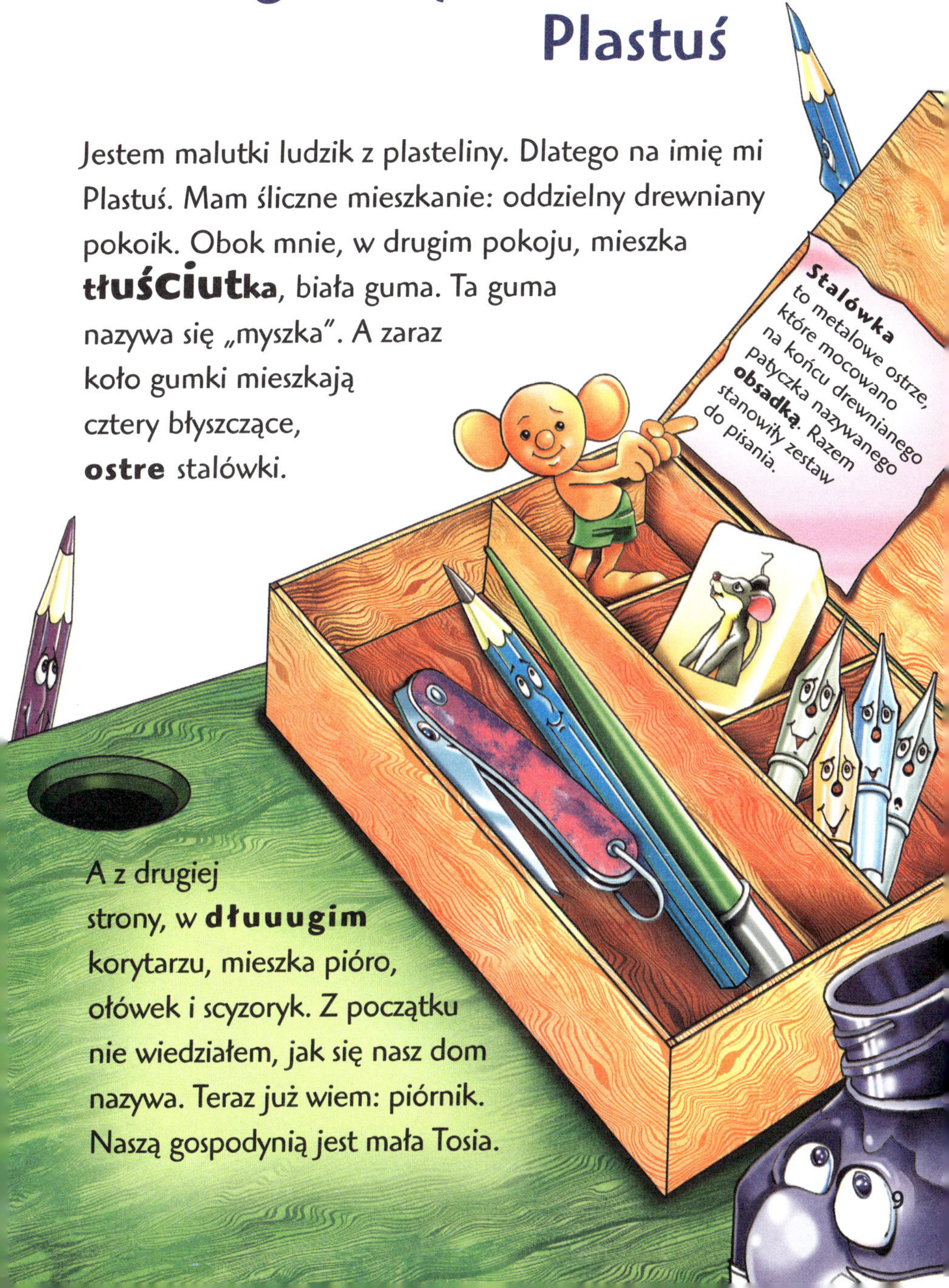

A z drugiej strony, w **dłuuugim** korytarzu, mieszka pióro, ołówek i scyzoryk. Z początku nie wiedziałem, jak się nasz dom nazywa. Teraz już wiem: piórnik. Naszą gospodynią jest mała Tosia.

Na lekcji rysunków siedziałem na ławce w rowku koło ołówka. Ołówek mi opowiedział, skąd się tu wziąłem. To było tak: Na pierwszej lekcji, zaraz po wakacjach, było lepienie z plasteliny. Pani rozdała dzieciom zieloną i czerwoną plastelinę i dzieci lepiły, co same chciały. Bronka ulepiła gniazdo z jajeczkami. Wicuś ulepił grzybki, chłopcy spod okna ulepili samoloty, a Tosia ulepiła mnie **— takiego malutkiego ludzika.**

Ja mam duży, czerwony nos, odstające uszy i zielone majteczki. Wszyscy powiedzieli w klasie, że jestem śliczny. Tosia mi zrobiła ołówkiem oczy i zaraz zacząłem patrzeć na wszystkie strony. A jak Tosia przylepiła mi uszy, to zaraz zacząłem słuchać, co się w klasie dzieje. I teraz wszystko widzę i słyszę, i mieszkam sobie w Tosinym piórniku.

O pamiętniku w czerwonym zeszyciku

Pióro i stalówka nie lubią lekcji rysunków, bo muszą siedzieć w piórniku. A Tosia, ołówek, scyzoryk, guma-myszka i ja, Plastuś, najlepiej lubimy rysunki. Na lekcjach rysunków jest okropnie wesoło, bo wszyscy wyskakujemy z piórnika. Ołówek i guma latają po papierze: co ołówek narysuje, to guma zetrze. Ołówek ciągle sobie nos łamie, a scyzoryk

– ciach... ciaaach... ciaach...

musi mu nos zaostrzyć. A ja siedzę w rowku koło kałamarza i przyglądam się. Wczoraj były wycinanki; to jeszcze zabawniejsze. Wyskoczyły z torby błyszczące nożyczki i kolorowe papiery. Tosia cięła papierki na kawałki i naklejała. To było bardzo ładne.

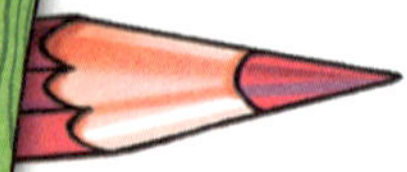

A potem zostało dużo kawałków
niepotrzebnego papieru.
Ja ten papier pozbierałem
i poskładałem.

1. **Scyzoryka poprosiłem,
to mi go obciął.**
2. **Stalówkę poprosiłem,
to mi go przedziurawiła.**
3. **Niteczkę poprosiłem,
to mi go przewiązała.**
4. **I mam zeszycik taki,
jak ma Tosia.**

Mój zeszycik ma w środku białe
kartki, a okładkę czerwoną.
Mój zeszycik jest taki duży,
jak Tosi paznokieć, i leży
w moim piórnikowym pokoiku
na samym dnie.
A potem pozbierałem wszystkie
połamane noski od ołówka
i piszę teraz nimi w zeszyciku
swój pamiętnik.
Będę opisywał wszystko, co się
u nas w szkole dzieje.

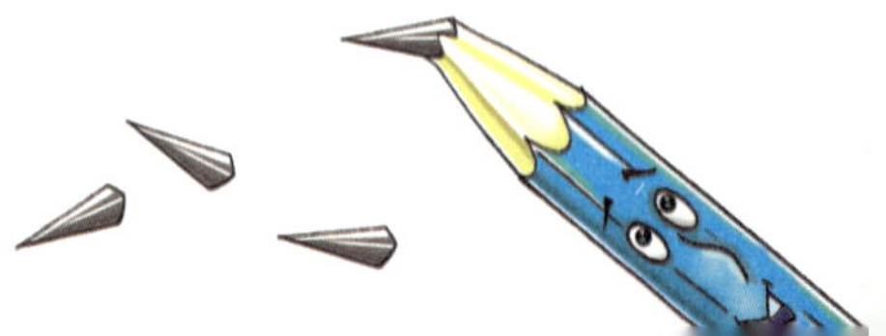

O kleksiku z kałamarza, co na nikogo nie zważa

Dzisiaj rano Tosia otworzyła piórnik. Ołówek podskoczył, bo myślał, że go Tosia wyjmie. Guma-myszka podskoczyła, bo myślała, że ją Tosia wyjmie. A Tosia nie wyjęła ani ołówka, ani gumy-myszki, tylko... pióro!
Wyjęła Tosia zielone pióro. Stalówki zaraz się napuszyły – czekają, którą Tosia wybierze?... Każda chce być pierwsza.
Wyjęła Tosia złotą stalówkę, zatknęła do obsadki i mówi:
– Tyś stalówka ze złota, będziesz ładnie pisała.
Stalówka –

skrzypu... skrzypu... gryzdu... gryzdu...

po papierze smaruje. A co się ruszy, to kulfona usadzi. A co się posunie, to o papier zawadzi. A co ją Tosia przyciśnie, to z niej atrament pryśnie.

Tosi pot na czole wystąpił.
– Oj, lepiej było pisać ołówkiem!
A ołówek wysadził z piórnika łebek
w czerwonym kapeluszu i woła do pióra:
– Choć masz stalówkę ze złota,
bazgrzesz jak kura pazurem koło płota!

Ale pióro na to nie zważa, tylko
skrzypu... skrzypu... gryzdu... gryzdu...
pisze coraz lepiej. Już prawie pół strony zapisało.
Aż tutaj, na samym środku stronicy – **hyc!**
ze stalówki czarny, brzydki kleksik!

Zrobiła się awantura.

Przyleciała na ratunek różowa bibuła: piła atrament, piła, sama się uczerniła — nic nie pomogło.

Przyleciała na ratunek guma-myszka: tarła, tarła: cały ogonek sobie zdarła — nic nie pomogło. Kleks jak siedział, tak siedzi, czarnym okiem na wszystkich łypie. Czarny język wszystkim pokazuje i woła:

Żadna beksa nie pomoże na kleksa

Tosia płacze i płacze...
Co tu robić?
Nikt się nie odważa iść do kałamarza – ja się odważyłem.
Myślę sobie: „Raz kozie śmierć!..."
Stanąłem przed kałamarzem, ukłoniłem się pięknie: szastnąłem lewą nogą w prawą stronę, szastnąłem prawą nogą w lewą stronę – nachyliłem się nad nim i powiadam grzeczniutko:

A tu atrament – **bulgu... bulgu... bulgu...**
aż zakipiało w kałamarzu.
Więc się okropnie zląkłem i już chciałem uciekać, ale nic, powtarzam jeszcze raz, jeszcze grzeczniej:
– Panie kałamarzu, pilnuj twych kleksików, żeby nie niszczyły Tosi zeszycików...
A kałamarz – **huru... buru!** nasrożył się okrutnie i wrzasnął:

– Mości Plastusiu, pilnuj
swojego wielkiego nosa!
Nie wsadzaj go w kałamarze,
bo ci się zaraz umaże!

A ja nic, tylko mówię jeszcze raz, jeszcze grzeczniej, że Tosia płacze i płacze o te kleksiki i żeby co poradził.
A kałamarz na to, że:

– Tosia jest
beksa, to nie pomoże
na kleksa. Niech się uczy
pisać ładnie, to kleksik
z pióra nie spadnie!

Więc mu podziękowałem za radę,
ukłoniłem się grzecznie:
szastnąłem lewą nogą w prawą stronę,
szastnąłem prawą nogą w lewą stronę
i wróciłem do piórnika.
A tu wszyscy w śmiech –

cha... cha... cha!
– i – cha... cha!

– Patrzcie, patrzcie, co się świec
Plastuś ma nos w atramencie!

Ja się przeglądam w nowej
stalówce, a mój piękny nos,
co go tak ładnie zawsze wycieram,
calutki umazany na czarno...
Prawdę powiedział ten kałamarz...

Wiele krzyku o wycieraczkę w piórniku

A tu wraca pióro... atrament ze stalówki aż kapie.
Umazał się ołówek, umazała się guma-myszka,
umazały się stalówki, umazał się kto żywy w piórniku,
i to nie nos – ale cały.
A ja się z nich śmieję od ucha do ucha.
– A widzicie, nie kpijcie z cudzej biedy!
Sięgnęła Tosia po ołówek i umazała
sobie palce. Zajrzała do piórnika
i za głowę się złapała.
Tego już było za wiele.
Co tu począć z tym atramentem?

Ale Tosia na wszystko znajdzie radę. Poprosiła do pomocy igłę, nitkę i błyszczący naparsteczek. Wzięła śliczne, kolorowe gałganki.
Szyła... szyła... wycinała.
Uszyła wycieraczkę do pióra.
A ta wycieraczka jak jaka książeczka.
Ma dwie kartki niebieskie
i dwie kartki czerwone,
a brzegi wycinane w ząbeczki.

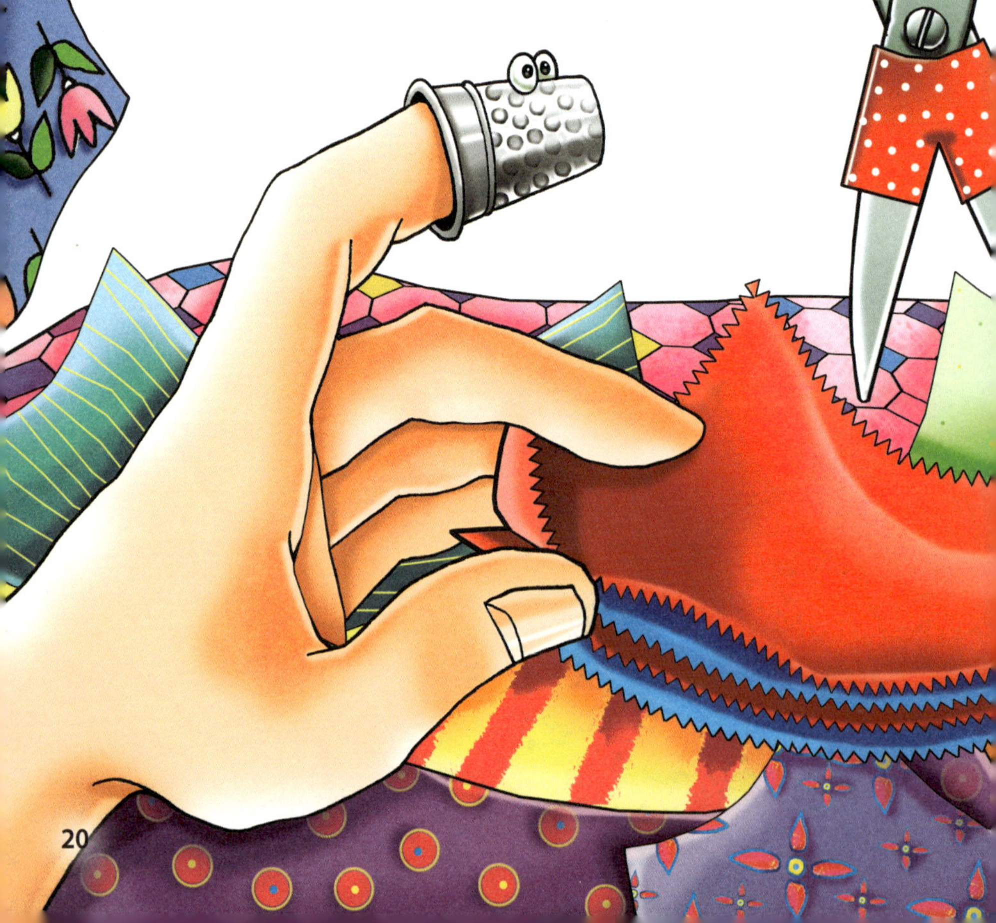

Wszyscy w piórniku krzyczeli, każdy chciał, żeby koło niego mieszkała. Ja też krzyczałem, żeby mieszkała koło mnie, ale Tosia kazała jej mieszkać w kącie, pod stalówką od pióra. Jak pióro wraca do piórnika, to wycieraczka wyciera stalówkę z atramentu, póki nie błyszczy jak złoto. Teraz już atrament nikomu nosa ani boków nie poplami.

Jaka ta nasza Tosia mądra!

O Tosi, o Bronku i o mysim ogonku

Muszę dziś trochę napisać o Tosi. Tosia ma niebieskie **oczy** – takie jak moje. Tosia ma **nosek** – nie taki duży, czerwony jak mój, tylko taki sobie zwyczajny nosek, ale niezgorszy. Tosia ma dwa **uszka** – nie takie piękne i odstające jak moje, ale też niezgorsze. A za tymi uszkami Tosia ma dwa czarne **warkoczyki**. Takich warkoczyków to ani ja nie mam, ani nikt. Te warkoczyki są najładniejsze. Sterczą każdy w inną stronę, a na końcu mają **kokardki**. Te kokardki od święta są rozmaite: czerwone i zielone, a na co dzień – granatowe. Dzisiaj rano to się pokłóciłem z tą niemądrą gumą-myszką o Tosi warkoczyki. Guma-myszka powiada, że Tosi warkoczyki to są jak jej ogonek.

– Jak to, jak twój ogonek? – pytam.

– A tak – nie słyszałeś, jak Bronek z ostatniej ławki wołał na przerwie, że Tosi warkoczyki to są „**mysie ogonki**"?...

Więc się okropnie zezłościłem, zacisnąłem pięści i zawołałem:

– Czy miałaś kiedy czerwoną, zieloną albo granatową kokardkę na końcu ogonka?!...

Guma-myszka zlękła się i powiedziała, że żadnej nie miała.

— No widzisz — powiadam — to czemu się puszysz? Co Tosi warkoczyk, to Tosi warkoczyk, a nie twój ogonek! Tosi warkoczyki są długie na palec i grube na palec i mają na końcu kokardki: czerwone, zielone albo granatowe!

Ja się kłócę z gumą-myszką, a tu patrzę, Tosia siedzi i popłakuje. Już wysadziłem nogę z piórnika, żeby lecieć ją pocieszyć, a tu właśnie podeszła do niej pani i pyta, czego Tosia płacze. A Tosia mówi:

— O mysie ogonki...

A pani zaczęła się śmiać i mówi:
— To wiesz, Tosiu, najlepiej je obciąć, bo to i czyściej, i zdrowiej, i nikt się z warkoczyków śmiać nie będzie.
Na drugi dzień ledwo zerknąłem z piórnika — widzę: Tosia ma warkoczyki obcięte!...
Z początku żal mi się zrobiło, ale potem patrzę: Tosia ma grzyweczkę i równo obcięte włoski, i takie puszyste, wymyte, i jeszcze jej ładniej niż w warkoczykach.
Więc zagrałem na nosie tej niemądrej gumie-myszce i zawołałem:
— A widzisz! Już Tosia nie ma mysich ogonków!...

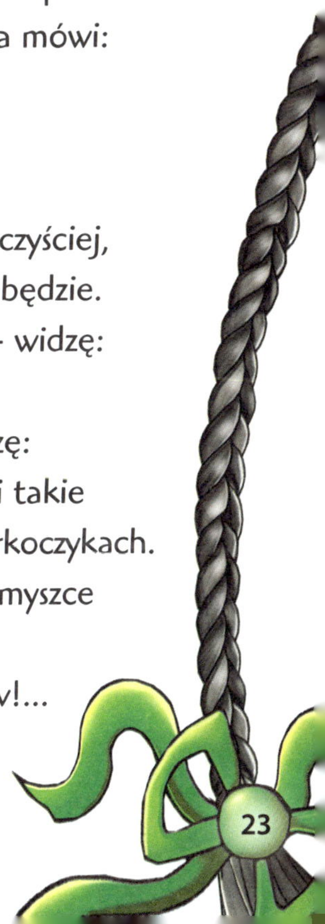

O moim biednym nosie i o szkaradnej Zosi

Dziś usiadła koło nas nowa koleżanka.
Ta koleżanka jest taka mała jak Tosia, więc będzie siedziała z nami w pierwszej ławce. Tej koleżance na imię jest Zosia. Jak tylko ta Zosia usiadła koło Tosi, zaraz zajrzała do naszego piórnika. Ja głowę wysadziłem, żeby jej się lepiej przyjrzeć, a ona prast! prędko piórnik zamknęła i mój śliczny nos mi przygniotła! Tosia tyle razy piórnik zamykała i nigdy, nigdy nosa mi nie przygniotła! Zacząłem okropnie płakać. Tosia pewno usłyszała, bo otworzyła piórnik, wyjęła mnie i aż się za głowę złapała. A tamta Zosia, wstrętna, aż się pokłada na ławce ze śmiechu! Nos miałem spłaszczony jak placek, obu dziurkami do góry. Tosia, widząc moje zmartwienie, wzięła trochę czerwonej plasteliny i dorobiła mi nos jeszcze większy i jeszcze piękniejszy. Kiedy wróciłem do piórnika – wszyscy mi zazdrościli.

Potem ta Zosia poprosiła Tosię, żeby jej pożyczyła ołówka. Ołówek wcale nie miał ochoty iść do tej Zosi, ale Tosia go wyjęła, dała jej i zamknęła piórnik. Położyłem się więc na moim pamiętniku i zasnąłem, a tu mnie budzą jakieś jęki. Guma-myszka szturcha mnie w bok.

— Wstawaj, wstawaj, Plastusiu! Zobacz, co się dzieje z ołówkiem!

Zrywam się, patrzę: ołówek leży w swojej przegródce cały pogryziony... Jego śliczne boczki całe pokiereszowane.

— Co ci się stało? — pytam.

A biedny ołówek jęczy:

— Oj!... oj!... to ta szkaradna Zosia...

— Co ona ci zrobiła?...

— Pogryzła mi boczki i mój śliczny blaszany kapelusz, bo nie mogła zrobić zadania.

— A co jej na to Tosia powiedziała?

— Nic jej nie powiedziała.

Wszyscy w piórniku okropnie się oburzyli i powiedzieli, że nikt nie da się więcej tej Zosi pożyczyć!...

Guma-myszka zapiszczała:

– Co tu robić?...

– Ona was wszystkich poniszczy jak mnie

– zajęczał ołówek.

– Ja ją w palec zatnę!

– zazgrzytał scyzoryk.

– My ją atramentem powalamy!

– zatrzeszczały stalówki.

– Ja jej poślę na zeszyt dziesięć kleksów!

– zadudnił kałamarz.

– Ja jej zamażę wszystko w zeszycie!

– pisnęła guma-myszka.

Tylko biedny ołówek niczym się nie odgrażał, leżał bez ducha, z pogryzionymi boczkami i z pogryzionym kapeluszem. Podesłaliśmy mu wycieraczkę od pióra, żeby mu było miękko, ale nic mu to nie pomogło. Boczki się nie zagoiły.

O Zosi niszczycielce historia smutna wielce

Dzisiaj rano, ledwo Tosia otworzyła piórnik,
zaraz Zosia woła:
– Tosiu, daj no mi scyzoryk, odkręcę tę śrubkę w ławce!
Scyzoryk nie zdążył się nasrożyć, a tu

zgrzyt... zgrzyt...

już miał ostrze wyszczerbione o żelazną śrubkę.
Ale Zosia nie zważa na to, kręci dalej. Wtem ostrze
ześlizguje się ze śrubki prosto w palec Zosi.
– A to wstrętny scyzoryk!
Zosia rzuciła go i owinęła krwawiący
palec chusteczką.

Zaczęło się ćwiczenie.
— Oj, nie mam stalówki! Tosiu, pożycz mi stalówkę!
Tosia zaraz pożyczyła stalówkę.
Zosia gryzmoli, nie widzi, że atrament pryska ze stalówki,
że całe palce atramentem powalane.
W końcu przycisnęła tak mocno, że...
stalówka pękła.

trrrach!

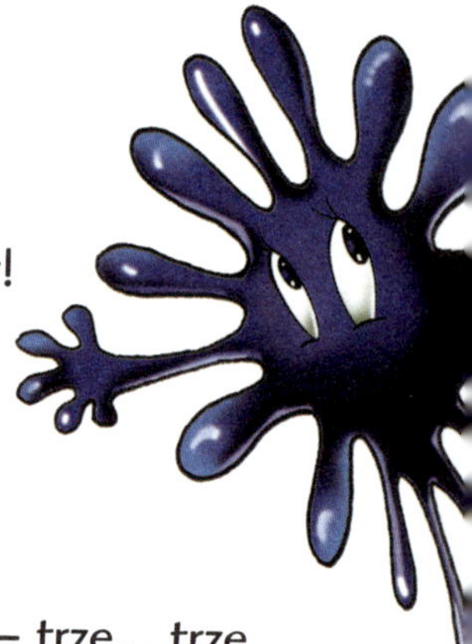

A na stronicę skoczyło dziesięć kleksów!
— Oj! Co to będzie? Przyjdzie
pani, będzie się gniewała!
Ale Zosia znowu:
— Tosiu! Pożycz mi gumę!
Chwyciła Zosia biedną gumę-myszkę — trze... trze...
zamazała całą stronicę.

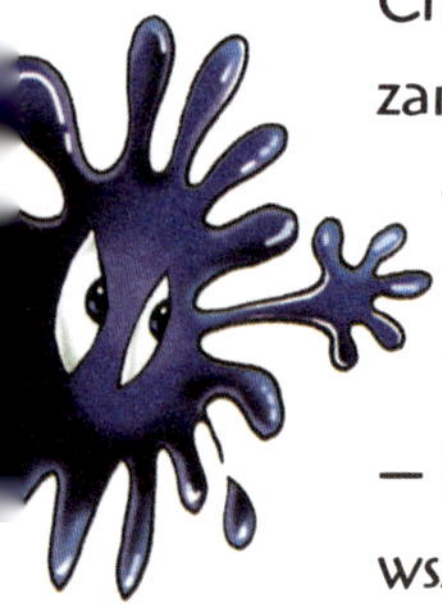

— To jest guma do ołówka, atramentu nią
nie zetrzesz!
Więc Zosia w płacz, a Tosia ją pociesza:
— Nie płacz, Zosiu, powoli nauczysz się
wszystkiego... nie będziesz kaleczyła się scyzorykiem,
nie będziesz robiła kleksów w zeszycie,
nie będziesz łamała stalówek.

Wszyscyśmy w piórniku powiedzieli,
że ta nasza Tosia
to jest za dobra...

O tym, jak to z porządkiem było, ale dobrze się skończyło

Oj! Co to było! Co to było!
Pani pod koniec lekcji sprawdzała porządek w klasie.
Otworzyła pani nasz piórnik i zawołała:
— Tosiu, ja myślałam, że ty jesteś porządna dziewczynka, a tu — scyzoryk wyszczerbiony, stalówka złamana, ołówek pogryziony, a guma-myszka i cały piórnik powalane atramentem! To dopiero ładny porządek!
Tosia stała ze spuszczoną głową i ani słówka nie powiedziała.
Ja zerwałem się, zacząłem machać rękami i chciałem krzyczeć, że Tosia nic nie winna, że to Zosia tak nas poniszczyła, że Tosia o nas dba, że dawniej u nas w piórniku było czyściutko jak w szklance. Chciałem to wszystko powiedzieć, ale nic nie powiedziałem, bo nie mogę być skarżypytą i zresztą mam taki cichy, plastelinowy głosik, że pani nic by z pewnością nie usłyszała. Ale wyjrzałem z piórnika na Zosię i krzyknąłem, jak tylko mogłem najgłośniej i najgrubiej:

A Zosia siedziała czerwona jak burak i patrzyła w ławkę. Zdaje się, że jej było wstyd. Dalej nie wiem, co się stało, bo Tosia zamknęła piórnik, ale scyzoryk podważył troszeczkę wieczko i znowu zacząłem wyglądać... Patrzę, a tu pani znowu stoi przy nas, głaszcze Tosię po głowie i mówi:

— Ja wiedziałam, Tosiu, że z ciebie porządna i dzielna dziewczynka.

A potem pani odeszła, a Zosia z Tosią jak się nie zaczną ściskać a całować, a beczeć... tylko im się głowy trzęsły. Te dziewczyny to są beksy. Wolałbym, żeby Tosia była chłopcem. Ale może by nie była taka dobra. Sam nie wiem, muszę się zapytać pióra. Po tym wszystkim domyśliliśmy się w piórniku, że Zosia musiała się sama przyznać do winy. Może i ta Zosia będzie jeszcze niezgorsza. Ano, zobaczymy.

O farbach i o kłopocie wielkim, czy można pisać pędzelkiem?

Oj, dzisiaj rano tośmy się wszyscy strachu najedli!
Wyjęła Tosia na chwilę ołówek. Ołówek wraca i woła do nas:
– Słuchajcie, co się stało! Wielka niespodzianka!
Zosia przyniosła Tosi na przeprosiny nowy piórnik!
Więc scyzoryk zaraz:
– Już na nas nie będzie chciała patrzeć!...
Więc guma-myszka i stalówki w bek
i wszyscy pchamy się zobaczyć ten nowy piórnik.
I naprawdę stoi koło nas jakieś
długie, czarne pudełeczko...
Obejrzałem je
i mówię:
– To wcale nie
piórnik, bo za płaski!
– Ja bym się wcale
do niego nie zmieściła –
piszczy guma-myszka.
– No pewno, taki tłuścioch!
– Ale co to może być?
– Ano, zobaczymy – mówi scyzoryk.

Jakeśmy się wszyscy podsadzili – to trach! wieczko odskoczyło... A tam w środku – cudeńka: biała podłoga, a w tej podłodze dołeczki, a w tych dołeczkach mieszkają takie kolorowe guziczki jak przy Tosi sweterku. A każdy guziczek innego koloru: czerwony, żółty, niebieski, zielony – jak cukiereczki... A z boku długi korytarzyk jak u nas w piórniku. A w tym korytarzyku mieszka taka niby-obsadka, tylko że zamiast stalówki ma czuprynkę.

Więc się pytam:

– Kto wy jesteście?

– Ja jestem pędzelek!

– A MY JESTEŚMY FARBY!

– A do czego?

– Do malowania.

– A co wy umiecie malować?

– Ja umiem malować niebo, chabry i twoje oczki!

– Ja maki, jabłka i twój nosek!

– Ja trawę, drzewa i twoje majteczki!...

Ale nie zdążyłem wszystkich się wypytać,
bo przyszła Zosia ze szklanką wody,
wzięła papier i pędzelek z korytarzyka.
Pędzelek biegał, biegał po papierze.

Namalował zielony domek, żółty płotek,
czerwone kwiatki i niebieskie ptaszki.
A pióro aż zgrzytnęło z zazdrości, że tak
nie potrafi. W końcu krzyknęło do pędzelka:
– Ale ty za to pisać nie potrafisz!
A pędzelek roześmiał się i zawołał:
– Zapytaj o to Chińczyka z malowanki!

O chińskiej awanturze, o pędzelku i o piórze

Odkąd pędzelek tak zawołał o tym Chińczyku, to pióro nie mogło się uspokoić. Ciągle czekało na lekcję rachunków, żeby się z Chińczykiem zobaczyć. Bo Chińczyk mieszka w zeszycie od rachunków. Ma skośne oczy, żółtą buzię, długi warkocz i przytrzymuje cytrynową wstążeczkę na różowej bibule. A tu jak na złość najpierw lekcja polskiego. W zeszycie od polskiego tańczą na czerwonej wstążeczce Krakowianka z Krakowiakiem. Pytało się ich pióro o Chińczyka, ale oni ciągle swoje w kółko:

— Krakowiaczek jeden miał koników siedem...

Hołubce biją i wcale nie można się z nimi dogadać... A potem była pogadanka. W zeszycie od pogadanek mieszka zielona żabka pod czerwonym muchomorem na niebieskiej wstążeczce. Pytało się jej pióro o Chińczyka, ale żaba oczy wybałuszyła i coś po żabiemu zakumkała; pióro nic nie rozumiało.

Wreszcie dzisiaj pani przyniosła do klasy duże pudełko z kasztanami.

Tosia otworzyła zeszyt od rachunków, a tu siedzi sobie na bibule Chińczyk i głową kiwa; więc pióro do niego:

– Chińczyku, Chińczyku, czy to prawda,
że pędzelki umieją pisać?

A Chińczyk się uśmiecha i głową kiwa.

– Tak, tak, tak, tak...

Więc pióro, okropnie zmartwione,
wróciło do piórnika.

Tu dopiero wszyscy zaczęliśmy mu tłumaczyć, że dzieci chińskie, co piszą pędzelkami, są za górami, za morzami. U nas dzieci pędzelkiem malują, a piszą tylko piórem. I jak chcą, to umieją pisać bardzo ładnie, tak jak Lodzia z drugiej ławki.

Ale pióro nie dało się pocieszyć.

Aż tu Tosia znalazła radę. Namalowała pędzelkiem podwórko, budę pieska i gąski, a piórem wszystko ślicznie opisała, co tylko było na obrazku, i już teraz zgoda.

Pudełeczko, podnieś wieczko!

Dzisiaj miała być lekcja robót.
Wyglądam z piórnika, patrzę, a tu znowu
koło nas stoi jakieś pudełeczko.
To pudełeczko było jeszcze ładniejsze niż nasz
piórnik i niż pudełko z farbami. Całe w kwiatki!
Co tam może być w środku? Pewno cukierki!
Więc podbiegłem do niego, zastukałem i mówię:
– Pudełeczko, pudełeczko, podnieś wieczko!
A w pudełeczku zrobił się gwałt i cieniutkie
głosiki krzyczą:
– Nie otwierać! Nie otwierać!
Przyszli nas stąd pozabierać!...
Aż tu nadeszła Tosia i – **myk!** pudełeczko otworzyła...
Ja patrzę, a tam w środku nie cukiereczki,
tylko takie jakieś dziwne rzeczy... Jakiś świecący
kapelusik (zupełnie jakby dla mnie)
cały w dołeczki – więc się go pytam:
– Fiku, miku, kto jesteś, kapelusiku?

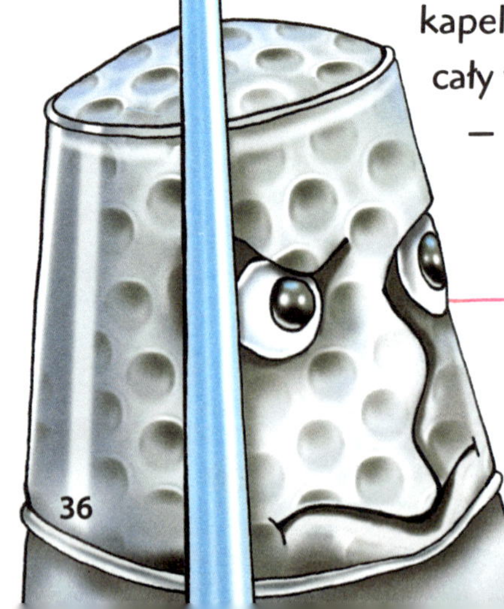

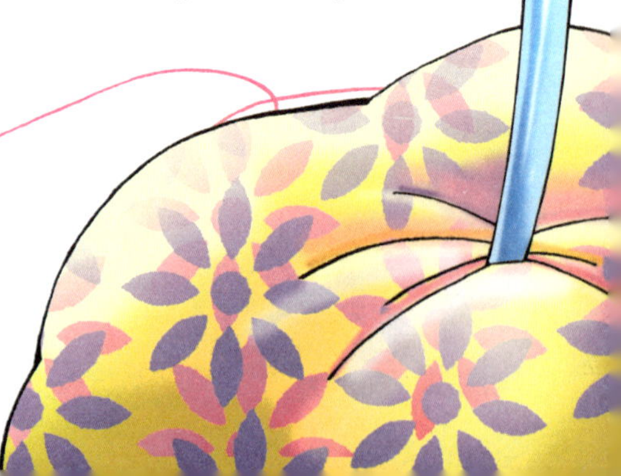

A kapelusik się nasrożył i krzyknął:
– Ja jestem imć naparstek, pancerz wspaniały ze stali cały!
Beze mnie igły jak osy pokłułyby palce Tosi!
Pokłułyby jej paluszki, że spuchłyby jak poduszki.
A jak się Tosi palec w naparstek ustroi,
to się najgorszej igły ni trochę nie boi.
A tu naraz w takiej zielonej rurce robi się gwałt
i cieniutkie głosiki brzęczą:
– Co on gada, ten szkarada? Igły, najlepsze pracowniczki!
Kto szyje Tosi spódniczki? Kto ceruje majteczki,
jeśli nie igiełeczki?
A tu gruba, pękata jejmość z kąta woła:
– O co znowu w igielniku tyle gwałtu, tyle krzyku?!
Igła nie poradzi nic – bez nici nie będzie szyć!
Czy sukienka, czy koszulka, zawsze pierwsza –
nici szpulka!
A gdy się nici wywiną, to też wesoła nowina:
zostanie szpuleczka na kółka do wózeczka!
A igły znowu swoje:
– Nie pomoże szpulka cała, gdy się igła złamała.
Byliby się tak przekomarzali bez końca, a tu Tosia –
myk! nadziała naparstek! – **smyk!** nawlokła igłę
nitką i – **szach! mach!** zaczęła szyć, że aż strach!

Historia niewesoła wcale, jak do klasy przyszły lale

Dzisiaj rano śpię sobie na wycieraczce od pióra i śni mi się, że scyzoryk tańczy polkę z gumą-myszką, a tu mnie ołówek w bok trąca.

– Zobacz, Plastusiu, co się w klasie dzieje! Wyglądam z piórnika – świat się do góry nogami przewraca!

Na moim miejscu koło kałamarza siedzi nasza lalka Petronela. Tylko jej tu brakowało! Rozparła się, nos zadarła do góry i siedzi. Więc ja do niej:

– Petronela, skądeś się tutaj wzięła? A ona się napuszyła, przymrużyła oczy (bo ona umie oczy zamykać i jest z tego bardzo dumna) i mówi: – Przyjechałam w teczce z książkami!

Ta Petronela to pani wielka: siedzi w lalczynym pokoiku za piecem na zielonej kanapie (z pudełka od papierosów), rozpiera się i nosa do góry zadziera.

Słuchają jej Murzynki, słuchają jej golaski, słucha jej misio – ani nie mruknie, a Petronela tylko się rozpiera na zielonej kanapie z pudełka od papierosów i wszystkim rozkazuje.

– A po coś tu przyjechała?
– Bo się dla mnie nowa suknia szyje!
– A jakże, **tere-fere-kuku!** W klasie będą dla ciebie suknię szyli, tylko tego brakowało!
– A właśnie że będą, zaraz zobaczysz! – wrzasnęła Petronela.

Ja patrzę, a tu Tosia wyjmuje z teczki to pudełko w kwiatki i całą furę gałganków... Ale co to za gałganki! Same jedwabne, czerwone i zielone, i niebieskie, w kwiatki, w kropeczki, w paseczki i w kratki...

Myślę sobie: „Koniec świata. Jak ta Petronela dostanie taką piękną suknię, to nosa zadrze na sam czubek pieca! To nie mogłaby Tosia mnie takiego ubranka uszyć?...

Te czerwone kwiatki akurat by do mojego nosa pasowały. A to wszystko dla tej napuszonej Petroneli!"

Pytam się jej znowu:
– A dlaczego ty przyszłaś do klasy na szycie sukienki?
A ona oczy przymrużyła i mówi:
– Bo wszystkie lalki przyszły!
Rozejrzałem się po klasie i aż podskoczyłem.
Koniec świata! Na wszystkich ławkach rozpierają się lale.
Wszystkie uczesane, z kokardami większymi niż one same, postrojone. Napuszyły się jak sowy i siedzą na ławkach przed dziewczynkami, a jedna na drugą zerka, która ładniejsza. Lale wstrętne! Myślę sobie: „Lepiej iść spać do piórnika niż na to wszystko patrzeć..."

O Klarci ze szmatki i o sukience w kwiatki

Już miałem iść spać do piórnika, żeby na te lale nie patrzeć, aż tu widzę – na Lodzinej ławce siedzi sobie lalusia taka malutka, mało co większa ode mnie, troszkę krzywa w pasie, przekrzywiona na jeden boczek, z noskiem jak kartofelek... siedzi sobie cichutka i zawstydzona. Więc ja zaraz do niej i pytam:

– Z czego ty jesteś?

– Ja z gałganków...

– A kto cię zrobił?

– A Lodzia.

– A jak ci na imię?

– Klarcia. A ty z czego jesteś?

– Ja z plasteliny.

– A kto cię zrobił?

– A Tosia.

– A jak ci na imię?

– Plastuś.

I zaraz bardzośmy się polubili i wszystkośmy sobie opowiedzieli.

A tutaj Honorka z trzeciej ławki mówi do Tosi:

— Patrz, jaką ta Lodzia ma brzydką, szmacianą lalkę i szyje dla niej taką paskudną, burą sukienkę. To wcale nie warto.

A Lodzia szyła dla Klarci sukienkę z takiej burej szmatki i jak to usłyszała, to się rozpłakała. Więc Tosia okropnie się rozzłościła na tę Honorkę i powiedziała, że „właśnie warto", i zaraz oddaliśmy dla tej Klarci połowę naszego najładniejszego, kwiatkowego materiału.

A nasza Petronela wcale nie żałowała, jeszcze sama pomagała nam wybierać, który najładniejszy, śmiała się i mrugała oczami do Klarci.

Ta nasza Petronela to jest widać nie najgorsza, tylko po co się na zielonej kanapie z pudełka od papierosów rozpiera, nosa do góry zadziera i wszystkim rozkazuje?

A potem tej Honorce było bardzo żal i chciała zaraz Lodzi oddać własną lalkę, ale Lodzia nie chciała, powiedziała, że woli swoją szmacianą Klarcię.

Więc się tylko wycałowały i wszystko było dobrze.

Potem Klarcia miała najładniejszą sukienkę ze wszystkich lalek: zieloną w czerwone kwiatuszki!

O tym, co zrobił Jacek, i o nosie jak placek

Dzisiaj rano czekamy, kiedy Tosia nasz piórnik
włoży do teczki, a tu nic...
Stoimy i stoimy na stole. Wszyscy są tym rozdrażnieni.
Guma-myszka piszczy mi nad uchem:
– **Oj! Oj! Oj!** Co to się stało? Już dawno zegar wybił ósmą!
Słyszę, że scyzoryk i stalówki aż zgrzytają z niecierpliwości.
Tylko ja sobie z tego nic nie robię. Myślę sobie:
„Nie pójdziemy do szkoły, to nie. Przynajmniej się
porządnie wyśpię...” – i przewracam się na drugi bok.
Aż tu nagle coś koło stołu – **tup... tup... tup...**
Ktoś szarpnął piórnikiem i – **trrrach – tararach!**
leżymy wszyscy na podłodze. Ja klapnąłem tak,
że z pewnością mam nos spłaszczony jak placek
(trzeba się będzie w stalówce przejrzeć),
guma-myszka wyskoczyła aż
w najdalszy kąt pokoju,
a stalówki, pióro,
ołówek, scyzoryk
– wszystko to się
rozsypało po podłodze.
Awantura!
Strach nas obleciał na dobre.

To Jacuś, brat Tosi, do nas się dobrał.
Oj, źle z nami, źle!
Ten Jacuś jest malutki, ale my się go okropnie boimy, bo każdemu dokuczy. Jak nas gdzie dopadnie, to zaraz się do nas zabiera. Raz mnie rozwałkował na placuszek swoim klockiem – ledwo mnie Tosia odratowała. (Żeby tak jego kto rozwałkował, toby dopiero wrzeszczał!)
Raz mnie wrzucił do miednicy z wodą, żebym się napił. (Żeby tak jego kto wrzucił do miednicy z wodą, zobaczyłbym, co by mówił...) A raz mnie wysmarował czekoladą, żebym był Murzynkiem. Więc Tosia po tym wszystkim nigdy nie chciała przy tym Jacku otwierać piórnika.
Aż tutaj taka awantura! Przycupnąłem za nogą od krzesła i patrzę, co się dzieje! A tu nasza Tosia leży w łóżku z owiązanym gardłem. Więc się zaraz domyśliłem, że Tosia jest chora i dlatego nie poszła dzisiaj do szkoły.

O wyprawie cudnej na wyspy bezludne

Tosia na szczęście usłyszała, że Jacuś upuścił piórnik na podłogę, i zaraz kazała nas pozbierać i przynieść sobie do łóżka. Więc Jacek krzywił się, ale zbierał wszystkich po kolei. Jak mnie zobaczył za nogą od krzesła, to złapał mnie za nos i zaniósł do Tosi. Ten Jacek to żadnego szacunku dla mnie nie ma. Tosia ucieszyła się, jak mnie zobaczyła, i zaraz zaczęła się zabawa. Przy Tosi łóżeczku siedziała Lodzia i jedna taka ciocia, co ma czerwony beret. Ta ciocia przyniosła Tosi dwie pomarańcze. Pomarańcze zaraz się zjadło, a ze skórek pomarańczowych Lodzia zrobiła śliczne łódeczki z żagielkami. Tosi kołderka

to było morze, które czasami bardzo mocno **falowało**.

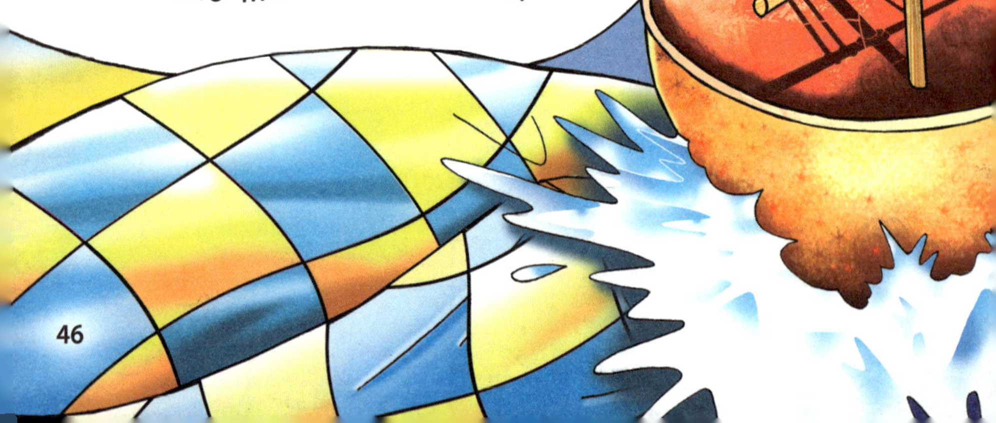

Ja byłem kapitanem, a guma-myszka majtkiem i Jacek nas woził w dalekie, ciepłe kraje, na bezludną wyspę z Tosinego jaśka. A na tej wyspie mieszkała żyrafa i dwa Murzynki z celuloidu. Ale guma-myszka była nic niewarta na majtka, bo za gruba i nie umiała wspinać się na maszty, i jak tylko morze trochę się zakołysało, to zaraz **chlup!** do wody.

Więc Lodzia wzięła włóczkę i porobiła strasznie śmieszne panny z włóczki, co miały powiązane rączki i nóżki i nastroszone spódniczki.

I zaraz zaczęło ich być wszędzie pełno. Pchały się do łódeczek, przechylały je, wdrapywały się na maszty, piszczały, spadały do wody, topiły się i Jacek musiał je ratować. Wreszcie dojechały do bezludnej wyspy i tam z Murzynkami urządziły bal.

A potem była burza morska, podniosła się taka wichura i bałwany, że aż mamusia Tosi przyleciała i powiedziała, że jak kogo gardło boli, to nie może być burzy morskiej, tylko płukanie gardła i spokojne leżenie w łóżku. Więc burza zaraz ucichła i panny z włóczki musiały iść spać do pudełeczka po czekoladkach – dobrze, że nie do piórnika...

celuloid – tworzywo sztuczne, z którego produkuje się zabawki, błony filmowe i piłeczki do tenisa stołowego.

O kwiatach w szkole i o kaktusie, co kole

Wczoraj pani miała pogadankę o tym, że śniegu jest mało, że w ogrodzie smutno, na podwórku smutno, na skwerku smutno, bo szaro, nie zielono... Potem pani powiedziała tak:

— Jakby to dobrze było mieć w klasie trochę kwiatów w doniczkach.

A na to dziewczynki zaraz się wyrywają:

— Proszę pani, to ja przyniosę mirt!

— A ja przyniosę prymulkę!

A Bronek zaraz się przedrzeźnia:

— A jakże, firt... firt... przyniosą prymulkę i mirt!

— Właśnie, że przyniesiemy!

I dzisiaj rano wpadają dziewczynki do klasy, a prawie każda dźwiga w gazecie doniczkę. Joasia przyniosła kwitnącą prymulkę. Lodzia przyniosła mirt – każda, co tam mogła. Nawet ten „nowy" chłopiec, Adrian, co siedzi pod oknem, przyniósł kaktusik. I myśmy też przynieśli kaktusik. Taki śmieszulek, pękaty jak beczułka. Wyjęła go Tosia z teczki, postawiła na ławce i poszła pomagać Joasi odwijać z papieru prymulkę, żeby się kwiaty nie połamały.

A tu tymczasem panny z włóczki zaczęły wyłazić z teczki. Tych panien z włóczki to wszędzie pełno.
Ciągle im nowe figle w głowie.

Jedna wpadła dziś do kałamarza i zamieniła się w Murzynkę.
Jedna zrobiła sobie huśtawkę na Tosi guziku.
Jedna się przykleiła do gumy arabskiej.

Aż głowa puchnie od tego wszystkiego!
(Nie wiem, po co Tosia nosi te wiercipięty).
Zobaczyły kaktus, krzyku narobiły:
– Co to?! Czyj to domek?! Akurat jak dla nas!
I dalejże się gramolić na doniczkę.
Ja też słyszałem, że czasami w kaktusach mają mieszkanka takie malutkie ludziki jak ja, ale nie będę wszędzie pakował swojego nosa.
A one wgramoliły się na doniczkę,
i – **stuk... puk...** w kaktus.
– Kto tam mieszka?
Oj! Pokłuły się, krzyku, pisku narobiły i pospadały na ławkę.
Tylko jedna zaczepiła się o kolec i została na kaktusiku.
Tosia prędko kaktus zaniosła na okno.

Wchodzi pani... a tu na oknie zielono, a tu na oknie wesoło... a tu na oknie jak w maju!

Pani aż się za głowę złapała, jak zobaczyła tyle kwiatków...

– Oj! Ile roślin! Jakie ładne. Prymulka kwitnie... Co to? I kaktus kwitnie?

Podchodzi pani bliżej, a to na kaktusiku nie kwiatek – tylko czerwona panna z włóczki!

Cała klasa aż się trzęsła ze śmiechu!

Panna z włóczki wstydu się najadła i wróciła do nas jak niepyszna. Ja jej też na nosie zagrałem, bo po co się wszędzie wpycha, gdzie jej nie proszą...

A potem pani powiedziała, że przynieść rośliny to jeszcze za mało – teraz trzeba się nimi opiekować jak dziećmi. Trzeba kurz ścierać z listków i spryskiwać rośliny wodą. I trzeba wystrugać drabinki, żeby się miały na czym oprzeć, i łopatki do przekopywania ziemi, żeby była zawsze pulchna.

Ale opiekować się roślinami nie mogą wszyscy razem, trzeba wyznaczyć dyżury. Porządkowe i tak mają dużo roboty. Więc rada w radę uradziliśmy, że będą **„zielone dyżury"**, tylko trzeba obmyślić jakąś odznakę. Ale jaką? Jedni wołali, że czerwone kwiatki, inni, że zielone kokardki, a Walerka zawołała:

– Dać zieloną pannę z włóczki, kiedy taka do kwiatka ciekawa!

Wszystkim się to najlepiej podobało, nawet chłopcy zaczęli wołać, że i oni też chcą być kwiaciarzami i mieć pannę z włóczki jako odznakę. Więc pani się ucieszyła i zaraz wybrała na dyżurnego tego Adriana, co przyniósł kaktus, i przypięła mu do boku najmniejszą pannę z włóczki. A te inne o mało nie popękały z zazdrości.

Historia cała o porządku i o strzałach

W tym tygodniu Tosia z Joasią są porządkowymi. To bardzo przyjemnie być porządkową. Jak tylko lekcja się skończy, to zaraz wołamy grubym głosem, żeby wszyscy wychodzili na korytarz. A jak już nikogo w klasie nie ma, to Joasia z Tosią **otwierają okna**, **zamiatają** i **ścierają ślicznie tablicę**, a Adrian **podlewa kwiatki**.

Dzisiaj obszedłem z Tosią całą klasę, żeby sprawdzić porządek. Wszędzie było dość porządnie. Oj, ale co się działo pod ławką tego Bronka i tego Antka! Tarzały się tam łupinki od pestek i skorupki od jajek, i strzały, i kule zgniecionego papieru! A na szlaku nad ich ławką był narysowany chłopak i mysz, i szczur i było napisane:

„Pan Antoni myszy goni, szczury łapie po pułapie".

Tosia musiała wziąć swoją gumę-myszkę i długo to wszystko ścierać, bo jakby pani zobaczyła, toby się okropnie na tych chłopców pogniewała! Gdyby tak było u wszystkich dzieci, toby klasa wyglądała jak śmietnik!

Tosia zmiotła to wszystko i wyrzuciła do kosza, a strzały z papieru pozbierała i schowała Bronkowi pod pulpit. Ledwo się pauza skończyła, a tu ten Bronek leci do swojej ławki i wrzeszczy:

— Tośka, gdzie moje strzały?! Widzicie ją, złapała mi moje strzały!

Więc Tosia mówi, że są w jego ławce.

To ten Bronek zaczął się przedrzeźniać:

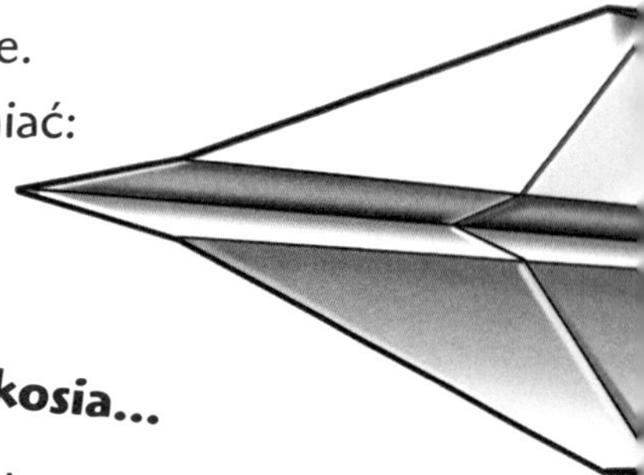

— Tosia porządkosia...
Tosia porządkosia...

— i strzelił Tosi w sam nos taką strzałą.

To taka sprawiedliwość na tym świecie! Żebym ja był większy, tobym się z tym Bronkiem rozmówił! Przecież Tosia mogła te głupie strzały wyrzucić, a ona je pozbierała i pochowała! Brzydki łobuziak! A potem ja chciałem być porządkowym w piórniku. Wołałem grubym głosem, żeby wszyscy wyszli na pauzę — ale im się ani śniło. Guma-myszka zapiszczała, żebym się nie rządził jak szara gęś. To wszystko z zazdrości, bo sama chce być porządkową. Więc się obraziłem i poszedłem spać do swojego pokoiku. Jak nie chcą, to niech nie mają porządkowego, i już!

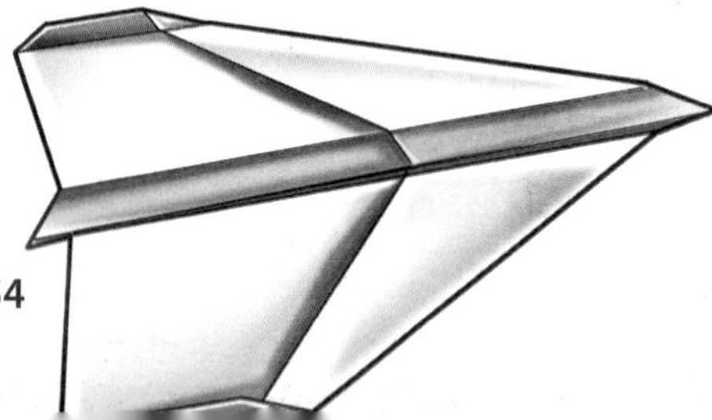
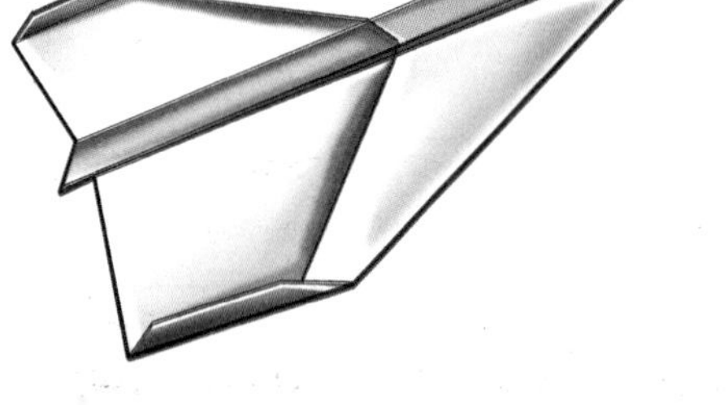

Lekcja
Temat:
A
B
C
ATRAMENT
ATRAMENT

O tym, jak kreda wytrzeć tablicy nie da

Tosia jeszcze jest porządkową.
Przynieśliśmy z domu świeżo wyprane ściereczki do tablicy.
Najbardziej Tosi zazdrościłem ścierania tablicy. To tak przyjemnie –

szach... mach...

i zabazgrana tablica robi się czarniutka!
A Tosia widocznie wiedziała, że ja mam ochotę ścierać tablicę, bo mi dała taką malutką ściereczkę z gałganka i posadziła mnie w rowku przy tablicy, tam gdzie mieszka kreda. Więc ścierałem, ścierałem –

szuru... buru... szuru... buru!

ile tylko sił, aż ta kreda łypała na mnie jednym okiem i za boki się brała ze śmiechu, że mało się nie pokruszyła, i przechwalała się, że ona, kreda, wytrzeć tablicy nie da i zaraz znowu wszystko zabazgrze.

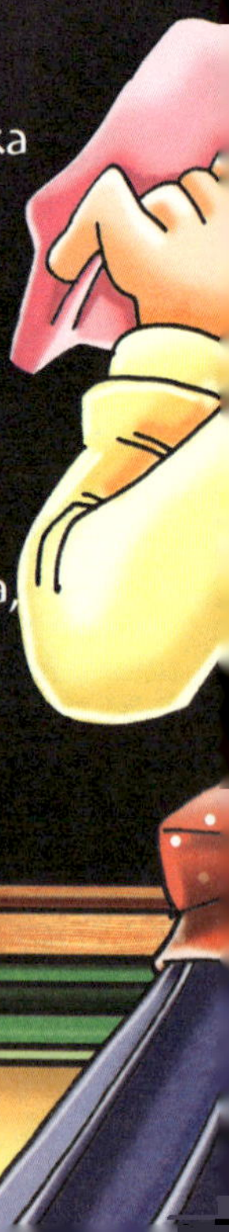

My się kłócimy, a tu wchodzi pani od rachunków. Tosia pobiegła na miejsce, nie zdążyła mnie zabrać z tablicy. Więc się bardzo zląkłem. Pani długo dzieci pytała, a potem powiedziała, że napisze na tablicy trudne zadanie klasowe. Pani podeszła do tablicy i wzięła mnie do ręki zamiast kredy, bo przy ścieraniu tablicy cały się ubieliłem.

Pani chce mną pisać, przyciska mnie nóżkami do tablicy (dobrze, że nie nosem), a tu ani rusz! Spojrzała pani na mnie i jak się nie zacznie śmiać! Wcale nie wiem, dlaczego się ta pani tak śmiała. Młynarz jest biały, a nikt się z niego nie śmieje.

I Tosia musiała wszystko o mnie opowiadać i zeszła reszta godziny, i nie było czasu na zadanie. Więc po dzwonku wszystkie dzieci się do mnie zbiegły i dziękowały mi, i wołały:

– Niech żyje Plastuś, zuch Plastuś!

Nawet ten Bronek poklepał mnie po nosie i powiedział:

– Plastek, morowy z ciebie facet!

Więc potem, jak wróciłem do piórnika, to się ich, tych w piórniku, tylko zapytałem:

– No co, słyszeliście?

A oni powiedzieli, że nie słyszeli, ale na pewno dobrze uszyska nadstawiali.

Jak się ze mną poznali ci, co w książkach mieszkali

Dzisiaj to był dobry dzień, bo Tosia wydawała książki. Ale, prawda, zapomniałem napisać, że nasza klasa to ma własną bibliotekę. Ta biblioteka to jest taka ładna, że nie wiem — i duża! Chyba z pięć razy większa od naszego piórnika. Wszystkie książki w bibliotece są obłożone w **niebieski** papier i mają zakładki z **niebieskiej** tasiemki. Niektóre książki to są bez obrazków, ale inne to mają takie śliczne obrazki, że chciałbym je cały dzień oglądać!

W jednej książce to są tacy braciszkowie jagodowi i siostrzyczki borówczanki z lasu i oni jeżdżą w prawdziwego szczura (nie w... gumę-myszkę), prawdziwym wózkiem (nie takim z pudełka od zapałek). Ja ich prosiłem, żeby mnie zabrali. Oni się zgodzili i zawołali: – **Prrrr!...** – i szczur stanął. Już miałem wsiąść i pojechać z nimi do tego ich jagodowego kraju. Ale spojrzałem na Tosię i zrobiło mi się strasznie żal, i zostałem.

A potem przyszedł jeden chłopiec,
Antek, i zwrócił książkę bez okładki.
Tosia bardzo się gniewała
i mówiła, że nie wolno
z książek zdejmować okładek,
bo się niszczą, bo te książki
są dla wszystkich i wszyscy
o nie dbać muszą.
Ja wcale nie wiem, dlaczego
Tosia tak się gniewała.
Bo ja to byłem bardzo
zadowolony, że ten chłopiec
zdjął ten papier, bo tam na tej
książce był śliczny obrazek
na okładce.
Na tym obrazku był taki duży
chłopczyk jak Tosia i rozmawiał

z takim maciupeńkim ludzikiem jak ja. Jak go zobaczyłem, to go ucałowałem i zapytałem, jak się nazywa, a on zawołał:
– Jestem ci bardzo rad, a nazywam się Skrzat!
A ja mu powiedziałem, że się nazywam Plastuś, i zapytałem go, gdzie mieszka, a on powiedział, że w „Wojtusiowej izbie", a ja, że w Tosinym piórniku... I już nic więcej nie zdążyliśmy sobie powiedzieć, bo Tosia wzięła książkę i obłożyła ją w nowy, niebieski papier...

A potem pani nasza przyszła i czytała dzieciom taką piękną historię o sierotce Marysi, o gąskach i o lisku, i potem ktoś kogoś zjadł, tylko nie wiem, czy lisek gąski, czy gąski lisa, bo okropnie płakałem. Ale potem krasnoludki, takie malutkie jak ja, pomogły Marysi i wszystko było dobrze! Oj, jak ja lubię czytać książki z obrazkami!

O tym, jak od Lodzi dostałem samochodzik

Dzisiaj rano myślę sobie: „Jakie szczęśliwe te siostry borówczanki i braciszkowie jagodowi, że mają taki śliczny wózek i mogą nim jeździć". A tu niespodzianka!...
Ale muszę opisać wszystko od samego początku.
My przynosimy zawsze ze sobą do klasy drugie śniadanie. To drugie śniadanie siedzi sobie w kąciku teczki i bardzo się boi, żeby go książki nie zgniotły.
Ale nasze książki leżą zawsze w teczce równiutko i nikomu jeszcze nie zrobiły krzywdy.
Drugie śniadanie jest zawinięte w białą bibułkę i w śliczną serwetkę.
Tych serwetek jest aż cztery — na zmianę.

Na jednej wyszyte są dwa kogutki,
co mają żółte butki.
Na drugiej — zające, co skaczą po łące.
Na trzeciej — samochodzik czerwony,
co jedzie w dalekie strony.
A na czwartej — ja, Plastuś.

To jest mój portret. Mam na tym portrecie śliczne, odstające uszy i piękny, czerwony nos.
Koleżanki Tosi nie mogą się napatrzyć na te nasze serwetki.
Lodzi to najbardziej ze wszystkiego podobał się ten **czerwony samochodzik**.
Więc myśmy jej zrobili niespodziankę...
Wzięła Tosia płótna, kolorowych nitek z kwiatkowego pudełka.
Szyła, szyła, uwijała się.
Wyszyła na serwetce czerwony samochodzik i dała Lodzi w prezencie.

My dzisiaj przychodzimy do klasy, a tu na naszej ławce koło kałamarza stoi takie malusieńkie, czerwone auto. To auto dla mnie Lodzia zrobiła. Ono było podobno z pudełka od zapałek, ale było oklejone czerwonym papierem i miało kółka ze szpulek. Tak się ucieszyłem, że sam nie wiedziałem, co robić z radości. Zaraz wsiadłem do tego auta i zacząłem jeździć po całej ławce. Jak ci z piórnika zobaczyli, to podnieśli ogromny krzyk, że i oni chcą jeździć autem. Guma-myszka dalej się pchać, ale jej nie wziąłem, bo za gruba, rozsadziłaby mi auto. Ołówek chciał się przejechać, ale go nie mogłem zabrać, bo za długi – fiknąłby zaraz z auta.

A tutaj zwiedziały się o moim aucie panny z włóczki, więc pisku narobiły i dalej się tłoczyć po swojemu do samochodu. Ale ich nie zabrałem, bo zaraz powylatywałyby z auta i byłoby nieszczęście.

Wziąłem tylko jedną stalówkę, co bardzo porządnie umie pisać i nigdy kleksa nie zrobiła w zeszycie – niech się przejedzie. Zresztą jak guma-myszka trochę schudnie i ołówek zmaleje, a panny z włóczki zmądrzeją, to może ich kiedy przewiozę. To moje auto jest jeszcze ładniejsze od tego wózka, co nim jeździły siostry borówczanki i braciszkowie jagodowi w tej książce.

Kogo się pantofel boi i o tym, co Fikuś nabroił

Mamy w domu nowego pieska. Ten piesek nazywa się Fikuś. Fikuś jest taki śmieszny, że wcale nie można wytrzymać. Trzeba się tylko okropnie pilnować, żeby nie spaść ze stołu, bo Fikuś wszystko tarmosi. Najwięcej to się go boją pantofle. Te pantofle to są bardzo biedne, bo Tosia i Jacek często nie chowają ich do szafki, tylko zostawiają na podłodze. Biedne pantofle wpychają się, jak mogą najdalej, w kącik pod łóżkiem, ale Fikuś zawsze je wypatrzy.

Rzuca się na pantofel, chwyta za piętę.

– **Wrrr... wrrr!**

Ja ci tu pokażę!... **Wrrr...** ja ci tu sprawię! – warczy i przewraca oczami.
A biedny pantofel mdleje ze strachu i zwisa nosem aż do ziemi. Czasami, jeżeli wejdzie do pokoju Mruczek, to Fikuś – buch! ciska pantofel na środek pokoju i – **hopsasa!** skacze do Mruczka. Ale Mruczek to nie pantofel! Oho! Nasroży się, grzbiet wygnie, parsknie parę razy i **bęc!... bęc!** Fikusia po mordce.
Ale dzisiaj to Fikuś zrobił dużą szkodę.
Do nas przychodzi teraz na obiady Lodzia.
Przyszliśmy ze szkoły i dziewczynki zdjęły palta i czapki, Lodzia chciała powiesić je w przedpokoju, ale Tosia powiedziała, że ma wieszadło urwane i że nie warto. Cisnęły wszystko na krzesło i poszły na obiad.

Ja siedzę sobie na piórniku, patrzę, a tu leci Fikuś!... Wspiął się na krzesło, obwąchał ubranie – **chaps!** złapał czapkę Lodzi i dalejże ją tarmosić i szarpać, i warczeć! Ja zacząłem wołać:

– Ratunku! Ratunku!... – ile tylko sił, ale nikt nie słyszał. Mruczek akurat nie wszedł do pokoju, a czapeczka nie jest taka twarda jak pantofel. Kiedy dziewczynki przyszły odrabiać lekcje, to z Lodzi czapeczki zostały już tylko strzępy. Tosia się rozpłakała, bo to ona nie dała Lodzi powiesić ubrania.

Jak to dobrze, że ja mam kubraczek z plasteliny, przyrośnięty do siebie – to najwygodniej. Ale gdybym miał ubranie osobno, to zrobiłbym sobie wieszadło z ołówka i z pluskiewek, a ramiączka ze stalówek i tak by wszystko wisiało pięknie, że aż ha! Żaden Fikuś nie podarłby mi czapki. Ale wszystko się dobrze skończyło, bo mama Tosi zrobiła zaraz dla Lodzi szydełkiem nową czapeczkę, a z resztek zrobiły dziewczynki – na moje utrapienie – jeszcze więcej panien z włóczki.

Bawimy się w chowanki – same niespodzianki

U nas w domu jest teraz bardzo wesoło, bo Lodzia przynosi ze sobą lalkę Klarcię. Po obiedzie wszyscy razem uczymy się lekcji, a potem się pysznie bawimy do wieczora.
Dzisiaj tośmy się uczyli z takiej **niebieskiej**, nowej książeczki wierszyka o gałgankowej laleczce. Tam było tak:

> **„Ta laleczka gałgankowa**
> **wciąż się Jagnie gdzieści chowa..."**

Było jeszcze o tym, jak się ta laleczka chowa do popielnika i do mysiej norki, i w różne miejsca. Nam się to okropnie podobało i zaraz zaczęliśmy wołać z Klarcią, że i my też chcemy się chować. Więc była zabawa w chowanego.

Raz się chowała Klarcia, a raz ja.
Ale ja się lepiej chowałem, bo jestem mniejszy i nie mam zielonej sukni w czerwone kwiateczki, to mnie nie widać.
Chowałem się w różne miejsca, za książki na półce, w pokoiku Petronelki, a Tosia mówiła: — Ciepło... ciepło... zimno... zimno... — a Lodzia szukała. Ale raz schowałem się za jakiś koszyczek, co stał w kąciku.
Myślę sobie: „Tu mnie nikt nie znajdzie! Nawet czubka nosa mi nie widać". Stoję cichutko, czekam... Tosia ciągle powtarza: — Zimno... zimno... ciepło... ciepło...
A tu się ktoś skrada po cichutku

i **łaps** mnie wpół!

i **hops**, do góry!

Ojej! Co to było! Bęcnąłem na środek pokoju, pogubiłem oba pantofle, rozpłaszczyłem sobie nos o podłogę!
To ten nasz szkaradny Mruczek! Myślał, że chcę się z nim bawić, bo stanąłem koło jego koszyczka.
A Tosia się śmieje, że Mruczek mnie prędzej znalazł niż Lodzia. Z Klarcią to było jeszcze lepiej. Usiadła pod kwiatuszkiem na brzegu doniczki, a że jest troszkę krzywa w pasie, przechyliła się na jeden boczek

i **chlup!**

wpadła do akwarium ze złotymi rybkami, co tam pod nią stało.

Oj! Rybki się poprzelękały, myślały, że to wieloryb. Klarcia się zamoczyła calutka. Trzeba ją było suszyć na sznurku przy piecu. Takie były pyszne chowanki aż do kolacji.

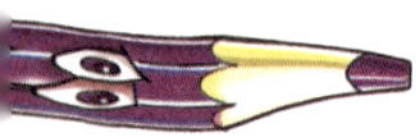

O tym, jak każdy spieszy naszą panią ucieszyć

Cała klasa ma wielki kłopot! No bo wszyscy okropnie kochamy naszą panią, a tu nadchodzi Dzień Nauczyciela i nikt nie wie, co dla pani zrobić, żeby się cieszyła! Urządziliśmy nawet naradę w piórniku, ale nic z tego nie wyszło, bo każdy chciał czego innego!
Pióro chciało koniecznie, żeby coś **napisać**, ołówek, żeby **narysować**, guma-myszka, żeby **powycierać** ładnie, co tylko ołówek narysuje, farby, żeby **namalować** śliczny obrazek, scyzoryk, żeby **wystrugać** coś ładnego – taki wiatraczek albo co, ja wołałem, żeby koniecznie ulepić coś z plasteliny! I w żaden sposób nie mogliśmy się pogodzić.
A Tosia chodzi skłopotana, nawet z nami mało rozmawia.
Aż tu przyjechała do nas ze wsi babcia Tosi. Taka wesoła babcia – w okularach i w łapciach! Przywiozła babcia dużo kolorowych gałganków, wstążeczek, szmatek!
Uszyła dla Petroneli piękną suknię od niedzieli, a dla mnie kabatek! Jak to Tosia zobaczyła – aż z uciechy podskoczyła.
– Babciu, to może by naszej pani wyszyć coś ładnego na ten jej dzień!
– A pewno! – mówi babcia. – To każdego ucieszy! Weź szare płótno, przytniemy serwetkę, ja ci ją ładnie obdziergam, a ty w rożku wyszyjesz kolorową włóczką, co tylko będziesz chciała!

Jak ta nowina wpadła igle w uszko – to w pudełku od robót zaraz się zrobił ruch. Wszystkie kolorowe włóczki aż się ponapuszały z radości i z dumy!...
A my wszyscy chcieliśmy być wyszyci w rożku – i guma-myszka, i ołówek, i pióro – no i ja także! Ale babcia mówi, że najładniej wyszyć kwiatki!
Więc wyszyła Tosia niezapominajki, żeby pani nigdy o nas nie zapomniała. Serwetkę owinęło się w bibułkę i zawiązało różową wstążeczką na kokardkę.

A jak naszą serwetkę zobaczyły dzieci w klasie, to zaraz w krzyk, że i one także wyszyją! No i tych serwetek tyle się zrobiło, co palców u obu rąk! Ja jeszcze nie potrafię do tylu policzyć! A każda serwetka była inna! Na jednych były kwiatki, na innych ptaszki albo motylki, rybki, misie, a ten Adrian to nawet wyszył mnie, Plastusia,
z odstającymi uszami. Takie wszystkie były śliczne, że pani aż w ręce klaskała z radości! A potem my z Tosią mówiliśmy pani wierszyk. To znaczy, że ja siedziałem w kieszonce Tosinej białej bluzeczki, a Tosia mówiła tak:

Nasza pani — wszyscy wiecie —
to najlepsza jest na świecie!
Taka dobra i wesoła,
że się do niej śmieje szkoła!
Kiedy płaczemy — to z nami płacze!
Kiedy tańczymy — to z nami skacze!
Kiedy psocimy — daruje brzdącom!
Za to kochamy panią gorąco!!

No i potem nasza pani tańczyła z nami i bawiliśmy się w „ciuciubabkę" i w „Pędraczku, gdzie jesteś?!"...

Dzień Nauczyciela
24
× 7
168

O wydmuszkach, o placku, o Mruczku, Fikusiu i nieznośnym Jacku

Bardzo lubię, kiedy Tosia lekcje odrabia i nikt nam nie przeszkadza! Właśnie wczoraj Tosia pisała w swoim liniowanym zeszycie równiutkie, zgrabne literki, takie śliczne, jak w elementarzu, a ja siedziałem sobie na piórniku i po literkach odczytywałem, co też ona napisała.
Tam było napisane tak:

Ola lubi kota

A tu nagle, jak na zawołanie – hop!... Wskakuje na stół Mruczek i zaczyna się bez żadnego szacunku, ocierać o Tosi policzek.
– A psssik, wstrętny kocie!... – krzyknąłem. – Zeszyt nam zamażesz!...
Tosia delikatnie Mruczka odsunęła, pogłaskała po grzbiecie i postawiła na podłodze, a do mnie mówi:
– Nie gniewaj się, Plastusiu, na Mruczka, on widocznie... poczuł, że o nim piszę.

Aż zamrugałem oczami... Może to i prawda?... Spojrzałem na Mruczka zaciekawiony. Ale kot, jakby nigdy nic, szedł sobie cichutko na kocich łapkach na swoje ulubione miejsce za piecem. Wsunął się tam i umościł, że tylko sam czubek białego ogonka wystawał zza pieca! Tosia zabrała się do zwijania jakiejś ślicznej różowej wstążeczki, ale w tej chwili babcia zawołała z kuchni:

– Chodź, Tosieńko, będę piekła placek, jeżeli chcesz, to jajka wydmucham i dam ci te wydmuszki!

Tosia bardzo się ucieszyła i widać z tej radości i z pośpiechu zostawiła nas wszystkich na stole! Nic nie sprzątnęła do szuflady i pobiegła. Siedzę więc sobie na piórniku i myślę: „Ciekawe, po co Tosi potrzebne te jakieś »wydmuszki« i ta różowa wstążeczka?!"

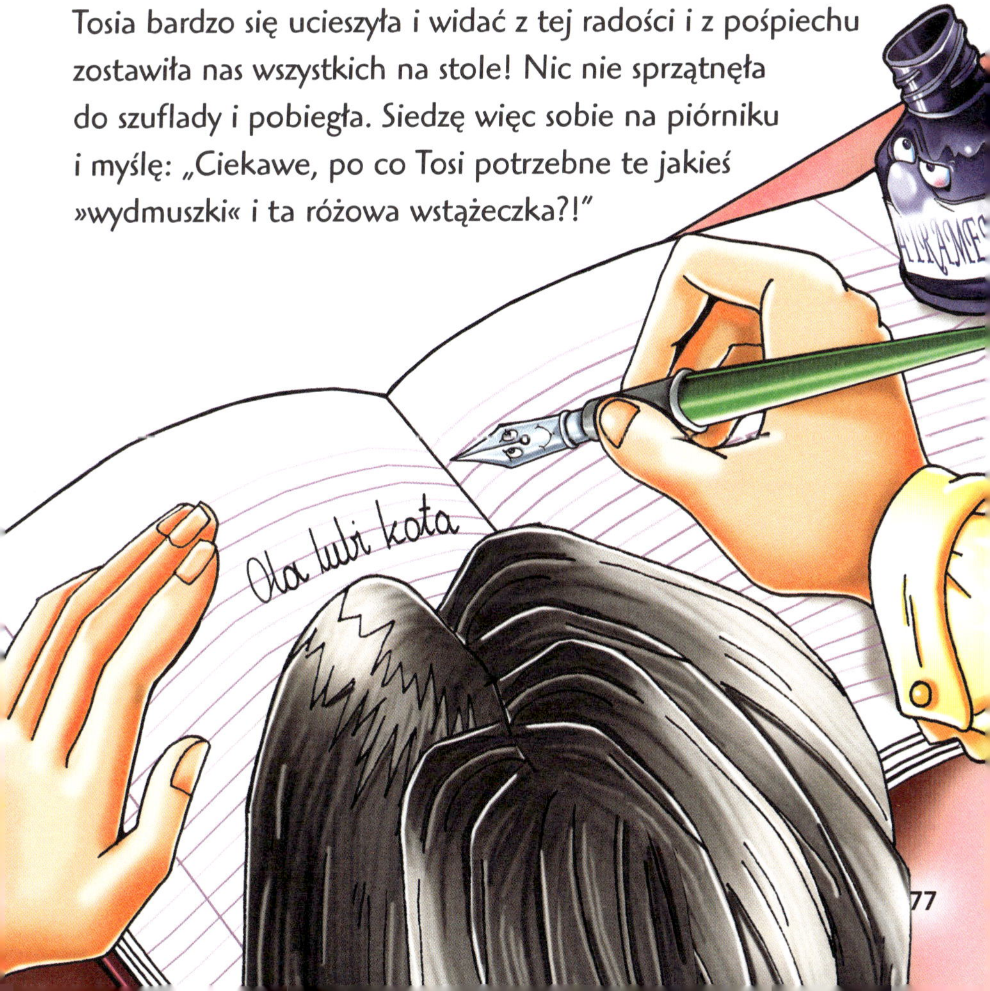

Ale nie zdążyłem jeszcze zapytać o to gumy-myszki, kiedy drzwi skrzypnęły i wpadł jak bomba Fikuś z babcinym kapciem, a tarmosi go, a warczy, a oczami przewraca, jak to on potrafi!
„Teraz to już po tym biednym kapciu!... — myślę sobie. — Już go nic nie uratuje!..."
A tu znowu drzwi się otwierają i wpada do pokoju Jacek! W tej chwili Fikuś porzucił na środku pokoju kapeć i drapnął przez szparę w drzwiach. Widocznie pomyślał, że z Jackiem lepiej nie zaczynać!...
Ale Jacek nawet nie spojrzał na pantofel i od razu podbiegł do naszego stołu! Jak tylko ten Tosi braciszek zaczął się wdrapywać na krzesło, to ja w tej chwilce myk! do piórnika — zatrzasnąłem za sobą wieczko i wołam do kolegów:
— Uwaga! Uwaga! Jacek nadchodzi! **ALARM!** Piórnik w niebezpieczeństwie!
Ale ledwo guma-myszka zdążyła pisnąć, a stalówki zazgrzytać, kiedy Jacek trrrach!... otworzył piórnik. Wtuliłem nos w dno piórnika, na głowę naciągnąłem sobie wycieraczkę, ale Jacek wcale mnie nie dotknął, tylko długo grzebał w przegródce za ścianką...
Wreszcie wyjął kogoś i zatrzasnął z hukiem wieczko...

O dzielnych ratownikach z Tosinego piórnika

W piórniku zawrzało.

– Kogo on zabrał?!... – zawołałem.

– Ołówek, nasz śliczny, żółty kolega ołówek!... – jęczało pióro.

– Zniszczy go na pewno!... – zgrzytały stalówki.

– Uwaga! Wszyscy razem otwieramy piórnik!... – zakrzyknąłem.

Podsadziliśmy się, podparli i na raz-dwa-trzy – siuup!... Wieczko się uchyliło, a myśmy wszyscy wyskoczyli z piórnika.

– Gdzie ten Jacek?!... Nie ma go przy stole?...

– Gdzie nasz elementarz? Nie ma na stole!!...

Podbiegamy do krawędzi stołu, rozglądamy się, a tu Jacek siedzi na podłodze, rozłożył sobie elementarz, nasz kolorowy, czyściutki, nowy elementarz na kolanach i smaruje po nim ołówkiem!... Bazgrze kulfony po tych ślicznych stroniczkach!...

Wszyscyśmy się aż zatrzęśli!... Co tu robić?!... Jak ratować elementarz?!...

— Toosiu!... Tosiu!... Na pomoc!...

Ale Tosia piekła z babcią placek i robiła „wydmuszki". Nic nie słyszała, co się u nas dzieje!...

— Trzeba pędzić na pomoc elementarzowi!!... — podskakiwało pióro.

— Na pomoc!... Na ratunek!... — dzwoniły stalówki.

— Ale jak się do tego zabrać?!... — sapnęła guma-myszka.

— Tu, na stole, zostanie pióro i scyzoryk na warcie, a guma-myszka, stalówki i ja — musimy się dostać tam na dół, na podłogę! Nie ma chwili do stracenia! — zawołałem.

— No, to skacz, Plastusiu, pierwszy! — trąciła mnie w bok guma-myszka.

– Nie mogę skakać, bo nie mam spadochronu! Rozpłaszczyłbym się na placuszek i byłby koniec! Ale ty możesz skakać śmiało! Odbijesz się od ziemi, podskoczysz sobie parę razy jak piłka i nic ci się nie stanie!

– A ty – jak się na dół dostaniesz?

– Ja się spuszczę po rogu serwety!

– Widzicie go, jaki mądry!... Mnie każe skakać w przepaść bez spadochronu, a sam „po rogu serwety"! – zapiszczała z oburzeniem guma-myszka.

My się tu sprzeczamy, a tymczasem stalówki ustawiły się ślicznie szeregiem nad brzegiem stołu, a pierwsza zawołała:

– Raz-dwa-trzy – **hooop!** – I wszystkie razem wyskoczyły w górę i pięknym łukiem – jak srebrne rybki – poleciały nosami w dół!

— No, widzisz, widzisz,
maruderko, stalówki
już są na dole, a my się tu jeszcze
kramarzymy! Właź mi zaraz na barana,
to razem zjedziemy na dół!
Ufff!... Jak mi ta tłuściocha guma-
-myszka zaczęła się gramolić na plecy
— to jakby mnie worek z mąką przydusił!
Aż przykucnąłem, bo się moje plastelinowe nogi
pode mną ugięły!...
Usadowiła się wreszcie kuma-guma na moich
plecach i krzyczy:
— No, gotowe — zjeżdżamy!
No to ja się nachylam, żeby się uchwycić serwety,
a moja gumcia fajt mi przez głowę, i, łapaj-trzymaj
— leci w dół na zbity łeb!... Aż mi dech zaparło
z przerażenia...
Ale patrzę — kumcia-gumcia — **hyc-hyc-hyc!...**
Poskakała sobie trochę wesolutko po podłodze, a potem
pobiegła, kiwającym się kroczkiem, jak kaczuszka
i ukryła się za stołową nogą.
„No, teraz czas na mnie" — pomyślałem i siuuup!
w jednej chwili opuściłem się po serwecie na dół.

O Jacku-Bazgrocie, aucie z babcinego kapcia i o piecuchu kocie

Jacek bez przerwy bazgrał po książce,
ale ja już wiedziałem, co robić!
Podbiegłem, wskoczyłem do kapcia, co go Fikuś porzucił, i kiwnąłem na gumę-myszkę i na stalówki.
Ledwo oni wszyscy się wpakowali do pantofla – ja już pochwyciłem za kierownicę. (Był to taki duży, srebrny guzik, przyszyty na przodzie łapcia, żeby było ładniej).
Kręcę tą kierownicą i wołam:

Fokus-pokus!... Łapciu-babciu!
Zmień się w auto, stary kapciu!...

A ten stary babciny łapeć dobrze rozumiał różne zaklęcia, bo babcia moc bajek opowiadała – więc sapnął, chrapnął, podskoczył i raźno się potoczył.

Guma-myszka aż pisnęła, a stalówki zabrzęczały z uciechy.

Objechaliśmy tym łapciem, jak prawdziwym autem, ze cztery razy dookoła stołu, a wreszcie zakręciłem przy stołowej nodze i pomknęliśmy prosto pod piec. Zatrzymałem wóz i powiadam do gumy-myszki:

– Stań tu sobie mocno, niech cię stalówki podeprą, a ja wskoczę ci na głowę i pociągnę Mruczysława za ogon.

W jednej chwili ustawiliśmy się w piramidę, a ja podskoczyłem i – **cap!...** Za ten biały, zwisający koniuszek Mruczkowego ogona... Koty bardzo nie lubią, kiedy je łapać za ogon, więc Mruczek wzdrygnął się, szarpnął ogonem, tak że spadłem gumie-myszce na kark. W naszym kapciu zrobiło się zamieszanie, a zaspana kocia głowa wyjrzała zza pieca. Tylko na to czekałem – zakręciłem kierownicą i puściliśmy się zygzakami po pokoju.

Kot od razu wytrzeźwiał i skoczył za nami jak szalony! Wydawało mu się pewno, że goni mysz albo szczura!... A ja kołuję... kołuję po pokoju i powolutku podprowadzam Mruczka do Jacka!... No i udało się wspaniale! Ledwo Jacek kota zobaczył, to zaraz książkę cisnął na podłogę, a sam — hop! — gonić Mruczka!

— Mruczuś — **kici-kici-kici!...** — chwycił kota i pobiegł do kuchni.

A myśmy tylko na to czekali. W jednej chwili wyskoczyliśmy z kapcia i pobiegliśmy do nieszczęśliwego elementarza. Leżał biedak bez ducha, z pogiętymi kartkami, cały pomazany, brudny i żałosny. Przy jego grzbiecie leżał ołówek ze złamanym noskiem i ledwo zipał. Ale nie było czasu się rozczulać. Jacek mógł w każdej chwili wrócić!

Co tu począć, jak przenieść elementarz w bezpieczne miejsce?!...

Nie może zostać na środku pokoju!...

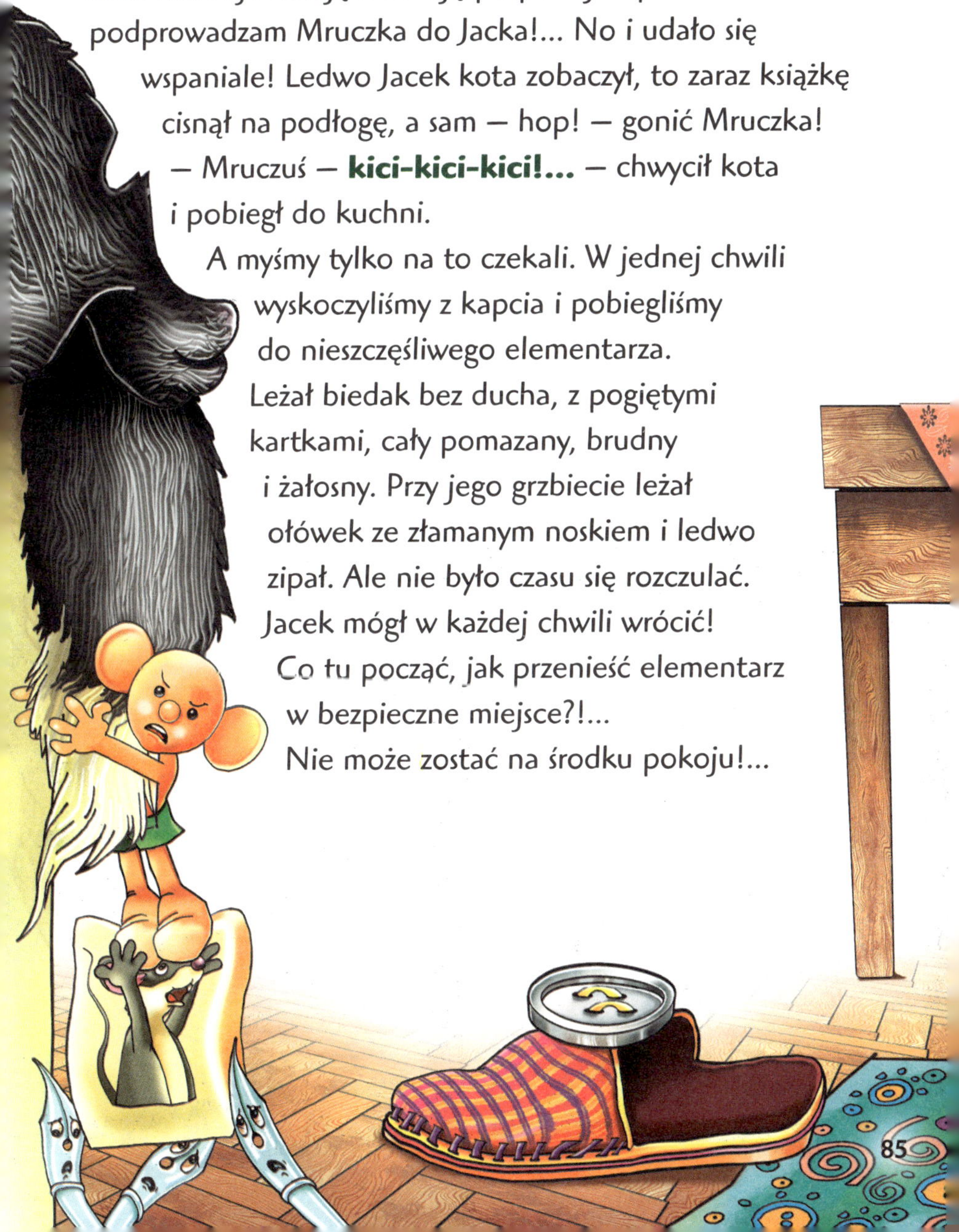

Tosiu, teraz zapamiętasz, jak szanować elementarz?!

A wtem pióro zazgrzytało ze stołu:
— Uwaga!... Zrzucam wam różową wstążeczkę!
I różowa wstążeczka sfrunęła ze stołu, a myśmy ją podchwycili, owinęliśmy nią elementarz i przytroczyli do pantofla jako bagaż. A potem wskoczyliśmy znowu do naszego auta i ja zawołałem:

Fokus-pokus!... Łapciu-babciu!
Pędź nas za piec, stary kapciu!...

Zakręciłem kierownicą i – **wiuuu!...** Pojechaliśmy prosto za piec! Tutaj dopiero można było spokojnie się zabrać do czyszczenia elementarza. Stalówki pomagały mi ostrożnie odwracać kartki, a guma-myszka – **szuru--buru!... szuru-buru!...** – ścierała zamaszyście i zajadle wszystkie szkaradne gryzmoły. Schudła chyba o połowę po tej robocie, ale za to elementarz był czyściutki, jakby prosto z księgarni! W tej chwili wróciła z kuchni Tosia, położyła na stole wydmuszki i rozgląda się zdziwiona:

– Oj, a gdzież to mój elementarz? Gdzie się podział ołówek, Plastuś i różowa wstążeczka od babci?!

Rozgląda się Tosia po pokoju, zajrzała pod stół, do lalczynego pokoiku, za szafę... Nigdzie ani śladu... Jak kamień w wodę po prostu! A my wyglądamy zza pieca i śmiejemy się. Wreszcie Tosia usiadła na podłodze i zaczęła płakać...

Tego nikt by nie wytrzymał! Skoczyłem do pantofla i zawołałem:

Fokus-pokus!... Łapciu-babciu!...
Pędź do Tosi, stary kapciu!

I kapeć pomknął po podłodze – prościutko do Tosi! A ja do niej łapką, machu! nie zginiemy – nie ma strachu!... Zobaczyła mnie Tosia i chciała pochwycić ręką, ale ja zakręciłem kierownicą i ruszyłem w stronę pieca, a Tosia zerwała się i pobiegła za nami.

– Och, co tu robicie za piecem? Skąd wyście się tu wzięli?! Elementarz... ołówek... stalówki... moja różowa wstążeczka od podarków!...

— Ja ci to potem wszystko wytłumaczę, Tosieńko — szepnąłem jej do ucha. — To była wielka przygoda! Mogło się skończyć jeszcze gorzej, gdybyśmy nie ratowali! Teraz, prosimy cię tylko, naostrz pięknie ołówek i narysuj nim coś bardzo ładnego, może domek albo ptaszki, żeby zapomniał, jak mu, biedakowi, kazali bazgrać i niszczyć zamiast ślicznie rysować! – Tosia bardzo przejęta zabrała nas zza pieca, przyniosła na stół, zaostrzyła ładnie ołówek, każdego na swoim miejscu ułożyła w piórniku, a elementarz obłożyła niebieskim papierem w złote gwiazdki i powiedziała:

— O ciebie, elementarzu, trzeba najwięcej dbać, bo przecież jeszcze Jacusia będziesz uczył czytać, a potem może jeszcze inne dzieci!...

W tej chwili wszystkie stalówki **zazgrzytały**, a guma-myszka pisnęła i dała mi taką sójkę w bok, że aż podskoczyłem do góry.

O sreberku, o złocie i o wesołej robocie

Co się u nas działo na stole w dziecinnym pokoju, to trudno opowiedzieć! Leżały tam gwiazdki złote, ładniejsze niż na niebie, papier i bibułka we wszystkich kolorach, i białe gołąbki. I leżały wydmuchane jajka i pocięte słomki, i szyszki z parku, i sreberko, i złoto, i nie wiem już, co więcej. Co z tego będzie?!

Panny z włóczki plądrowały w tym wszystkim i wszędzie się pakowały, gdzie nie trzeba. Smarowały się klajstrem i złociły złotkiem...

Tosia, Lodzia, Joasia i Jacek lepili łańcuchy i dzbanuszki, pajączki i różne inne rzeczy, a myśmy byli w pogotowiu. Nasz piórnik stał zamknięty, a zaraz koło nas stało otwarte to kwiatkowate pudełko, w którym mieszkają igły, nici i naparstek, i nożyczki.

Ja stałem sobie na straży na piórniku i dawałem sygnały:
– Uwagaaa!! Joasia potrzebuje nożyczek!
– Halo!! Jacek potrzebuje scyzoryka!
– Baczność!! Lodzia potrzebuje ołówka!
I wszystko zaraz leciało pomagać komu trzeba, jak pogotowie ratunkowe.
Nożyczki ciachały, scyzoryk krajał, a ołówek rysował, aż trzeszczało... Wszystko się pchało do pomocy, a jakże, ledwo toto utrzymałem w piórniku: gumę-myszkę i stalówki, i pióro. Musiałem tłumaczyć, że poginą albo kleksów narobią. Tylko z pannami z włóczki nikt sobie nie mógł dać rady. Czepiały się pajączków, huśtały się na łańcuszkach, wskakiwały do dzbanuszków z jajek, fikały koziołki na szklanych kulach. Wiercipięty nieznośne!
Ale po co myśmy tyle tych ślicznych rzeczy robili?
Pewno będzie jakaś niespodzianka!

Dobra nowinka – w szkole choinka

Dziś rano na pierwszej lekcji śpię sobie spokojnie z wycieraczką pod głową, a tu mi ołówek krzyczy nad uchem: – Słuchajcie! Słuchajcie! Jakieś dziwy się w klasie dzieją! Rysowała mną Tosia kółko na różowej bibułce! Dzieci krają słomę na kawałki i nawlekają kolorowe papierki!

Wszyscy tacy ciekawi, że mało piórnika nie rozsadzą. Do czego też dzieci krają słomę na kawałki?... Na szczęście Tosia otworzyła piórnik i wszyscy zobaczyli, że na każdej ławce leży bibułka różowa, czerwona i niebieska, i słoma, i paciorki, i złotko, i srebro. I że każde dziecko ma nożyczki i wszyscy wykrawają gwiazdki i kółeczka z bibułki, i nawlekają to wszystko na nitki.

Tak jak u nas w domu wczoraj wieczorem. Dopiero pióro wyjrzało z piórnika i powiedziało:

– Ja wiem, co to będzie. To będzie choinka! Wszyscy się okropnie ucieszyli, że będzie choinka, choć nikt nie wiedział, co to znaczy. A tu Tosia robi czerwone kwiatuszki i przeplata słomą, i wiąże takie pajączki. A Zosia okleja skorupy jajka kolorowym papierem i robi dzbanuszki.

A Joasia robi baletniczki w różowych spódniczkach. A ten Bronek z ostatniej ławki robi z Felkiem taki wielki, długi łańcuch z papieru i co trochę zrobi, to koło szyi okręci. Więc ja usiadłem na wierzchu piórnika i o mało mi oczy nie wyskoczą z ciekawości.

– Co to będzie?
Co to z tego będzie?
Aż tu Tosia mówi:
– Wiesz, Zosiu, niech mój Plastuś też wisi na choince! Przebiorę go za krasnoludka!
I zaraz mi dorobiła wielki kaptur i czerwoną kapotę, przewiązała mnie czerwoną nitką i już byłem gotów na choinkę.
Chciałem zagrać na nosie tym z piórnika, że to ja idę, a oni nie, ale nie zdążyłem, bo mnie Tosia zaraz zaniosła i powiesiła na choince.

Ta choinka to jest zielona i pachnąca, i kłująca. Ale na niej okropnie wesoło. Koło mnie paliły się świeczki: czerwona i żółta. Wisiała wielka niebieska kula i leciał gołąbek i samolot, i skakał piernikowy konik, i tańczyły dwie panny z włóczki.

A potem
wieczorem przyszły dzieci
z całej szkoły i dostawały dobre
rzeczy, i śpiewały, i tańczyły,
a najładniej tańczyła moja Tosia.
I my też tańczyliśmy na choince.
Potem dzieci dostawały podarunki.
Tosia dostała ciepły szalik,
śliczny, niebieski w żółte paski,
a ja patrzyłem na to z góry
i cieszyłem się.

O tym, jak mnie szkaradnie łobuz z choinki kradnie

Przez parę dni wisiałem na choince. Z początku było bardzo wesoło, ale potem mi się to znudziło. Zatęskniłem do mojego piórnikowego domku i do Tosi, i do gumy--myszki, a najbardziej do mojego pamiętnika. Bo jak tu pisać pamiętnik, kiedy się dynda na drzewku?
Na choince coraz mniej miałem sąsiadów, bo dzieci pozjadały piernikowe lalki i koniki.
I mnie jakiś łakomczuch chciał zjeść — myślał, że jestem z piernika. Odłamał mi lewą nogę, spróbował, ale na szczęście plastelina mu nie smakowała, więc dał mi tylko prztyczka w nos i zostawił mnie w spokoju.
Aż wreszcie jednego dnia przyszła pani i kilkoro dzieci i zaczęli wszystko zdejmować z choinki.
Myślałem, że przyjdzie Tosia i zabierze mnie zaraz do piórnika... Ale Tosi nie było!...

Rozglądam się, chcę wołać Tosię, a tu mnie łapie jakiś chłopak i krzyczy:

— A tego fajtusia to ja sobie wezmę!...

Łaps! mnie z choinki i przywiązuje mnie sobie do guzika przy kurtce.

Ten chłopak to był okropny łobuz, ciągle tylko skakał, podrygiwał i fikał koziołki.

A co on podskoczy, to ja biedny **dyndu... dyndu** na nitce, że o mało mnie ta nitka na połowę nie przetnie. Potem poleciał ze mną na lekcje do klasy. Ale ta klasa była wcale niepodobna do naszej i dzieci były tam większe i nieznośne.

O mojej smutnej doli u Witka w niewoli

Przez całą lekcję ten wstrętny chłopak mi dokuczał, zamiast uważać, i nos mi rozwałkował jak trąbę u słonia. Przypomniałem sobie, jak u Tosi spokojnie, ładnie siedziałem koło kałamarza, i płakać mi się chciało. Wreszcie lekcje się skończyły. Myślałem, że mnie ten chłopak zabierze do piórnika, ale on wcale piórnika nie miał. Pióro uwalane atramentem i złamany ołówek wrzucił do teczki, a mnie cisnął o ławkę i poszedł.

OGŁOSZE

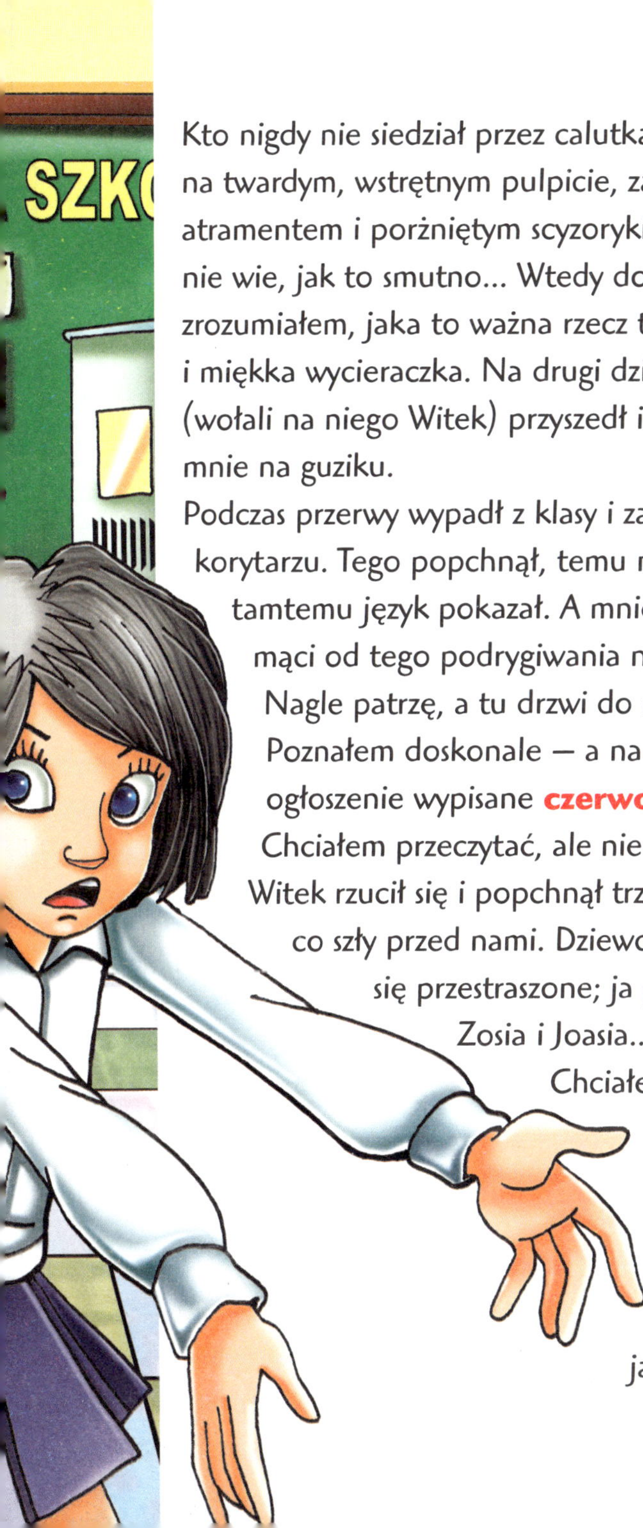

Kto nigdy nie siedział przez calutką noc na twardym, wstrętnym pulpicie, zachlapanym atramentem i porżniętym scyzorykiem – ten nie wie, jak to smutno... Wtedy dopiero zrozumiałem, jaka to ważna rzecz ten piórnik i miękka wycieraczka. Na drugi dzień ten chłopak (wołali na niego Witek) przyszedł i znowu zawiesił mnie na guziku.

Podczas przerwy wypadł z klasy i zaczął biegać po korytarzu. Tego popchnął, temu nogę podstawił, tamtemu język pokazał. A mnie się aż w głowie mąci od tego podrygiwania na nitce... Nagle patrzę, a tu drzwi do naszej klasy!... Poznałem doskonale – a na tych drzwiach ogłoszenie wypisane **czerwonymi literami**. Chciałem przeczytać, ale nie zdążyłem, bo ten Witek rzucił się i popchnął trzy dziewczynki, co szły przed nami. Dziewczynki rozbiegły się przestraszone; ja patrzę, a to Tosia, Zosia i Joasia...

Chciałem krzyknąć, dać znać o sobie, ale nie zdążyłem, bo ten wstrętny Witek pognał jak szalony.

O Witku, o zbytku, o oparzeniu i o Tosi ogłoszeniu

Ten Witek poleciał ze mną na sam koniec korytarza, aż do umywalni. Myślałem, że chociaż umyje swoje łapska. Były takie brudne jak u kominiarza. Ile razy mnie brał do ręki, to mi zawalał mój czerwony kubraczek. Ale jemu się ani śniło myć rąk. On tam poleciał psocić po swojemu. Przy białej umywalce pod kranem myły ręce mydłem i szczoteczką dwie dziewczynki. Witek wyrwał im mydło i szczoteczkę i chciał im namydlić twarze, ale dziewczynki się nie dały, więc się odwrócił i chciał je ochlapać wodą z kubła. Wsadził prędko rękę do wody i nagle jak nie wrzaśnie!... To była gorąca woda do mycia podłogi i umywalek. Oj, co to było krzyku i gwałtu! Ale potem się zląkł, że dostanie burę o te dziewczynki, więc się uspokoił. Czerwoną, spuchniętą rękę owinął brudną chustką do nosa i powlókł się do klasy, jęcząc cicho. Kiedy przechodził koło drzwi naszej klasy, zobaczył ogłoszenie. Zaciekawiło go. Stanął i przeczytał. A tam tak było napisane:

Kto mi odda
mojego
PLASTUSIA
to mu dam:
4 malowanki
i 1 żółtą
wstążeczkę
Ten PLASTUŚ jest taki:
cały z plasteliny
ubrany za krasnoludka
Tosia z I klasy

O tym, jak to się staje, że mnie Witek Tosi oddaje

Ten Witek przeczytał ogłoszenie, przyjrzał mi się chytrze i mówi:
– Ejże, czy to nie ty, fajtusiu? Zaczekaj, wycyganimy od tej sroki, co się da, kiedy cię tak poszukuje... Niech da chociaż scyzoryk i ze cztery stalówki. Za żadne malowanki cię nie oddam, nie ma głupich! Chciał mnie schować pod kurtkę prawą ręką, ale syknął z bólu, więc schował lewą i wszedł do klasy. Nic nie widziałem spod tego wstrętnego kubraka, ale słyszę głos Witka:
– Czy to ty pisałaś ogłoszenie?
I nagle usłyszałem słodki głosik Tosi:
– Tak, to ja pisałam.
Jak to usłyszałem, zacząłem się gramolić, ile sił starczyło, do góry, ale nie dałem rady. Jedną nogę mi odgryzł ten chłopak, a ręce mi się rozpłaszczyły o grubą kurtkę Witka. Więc dałem spokój i słucham, co z tego będzie. Tosia mówi:
– Okropnie mi żal mojego Plastusia...
– To czemu tak mało za niego dajesz?
– A co ja więcej mogę dać? Wszystko mi potrzebne...
– Ano, pokaż, co tam masz w piórniku? Zobaczymy.

Tosia mu widać podała piórnik, a on go schwycił bolącą ręką, bo aż krzyknął z bólu.

– Co ci jest? – zapytała Tosia.

– Nic, sparzyłem się...

– Pokaż! Ojej, jaka czerwona ręka! I bąble się robią! Taką brudną chustką owinięte! Tak nie można, zrobi ci się zakażenie i rękę ci odejmą... zaczekaj, ja przyniosę od pani oleju lnianego i bandaż i rękę ci opatrzymy.

Potem coś robili, chodzili. Usłyszałem głos pani, która powiedziała:

– Trzeba teraz koniecznie rękę zawiesić na temblaku. Czy masz, Witku, szalik?

– Nie, nie mam szalika.

I znowu usłyszałem głos Tosi:

– Ja mam szalik, ja mu pożyczę...

Słyszę, jak Tosia gdzieś pobiegła, i nagle czuję, że mnie Witek chwyta, wyciąga spod kurtki i sadza na naszym pulpicie, między moim najmilszym piórnikiem a kałamarzem. Patrzę, a tu biegnie Tosia ze swoim ślicznym, nowym szalikiem. Zawiesiła na nim Witkowi rękę, a Witek pokazał na mnie i mówi:

– Masz, weź sobie swojego Plastusia, już ja ci go tak oddam.

Dużo radości i krzyku, że znowu jestem w piórniku

Więc ten Witek oddał mnie Tosi.

Tego, co potem było, to już nawet ta nasza najładniejsza złota stalówka nie umiałaby opisać.

Tosia posadziła mnie na dłoni i głaskała po głowie, i mówiła:

– Mój biedny, malutki Plastuś! – I włożyła mnie do piórnika, żebym się ze wszystkimi przywitał.

Jak mnie w piórniku zobaczyli, zrobił się gwałt, pisk i zgrzytanie z radości. Wszyscy się ze mną witali, jak tylko kto umiał, i żałowali mnie, że taki jestem zabiedzony i brudny.

Guma-myszka i wycieraczka chciały mnie zaraz czyścić, każda po swojemu. Scyzoryk chciał mi ten długi nos obciąć i oskrobać mnie do czysta. A stalówki skrzypiały, że mu pomogą.

Przyznam ci się, mój pamiętniku, w sekrecie, że się tego wszystkiego trochę bałem, choć bardzo kocham moich przyjaciół z piórnika. Jakby mnie kolega scyzoryk zaczął skrobać, tak jak ostrzy ołówki – to ładnie bym wyglądał!

Ale na szczęście Tosia wyjęła mnie w tej właśnie chwili z piórnika i sama swoimi rączkami zaczęła mnie leczyć.

Nos mi zrobiła taki ładny jak dawniej. Doprawiła mi całą lewą nogę, zakleiła to miejsce, gdzie mnie nitka zraniła, i zdjęła ze mnie to szkaradne ubranie krasnoludka.

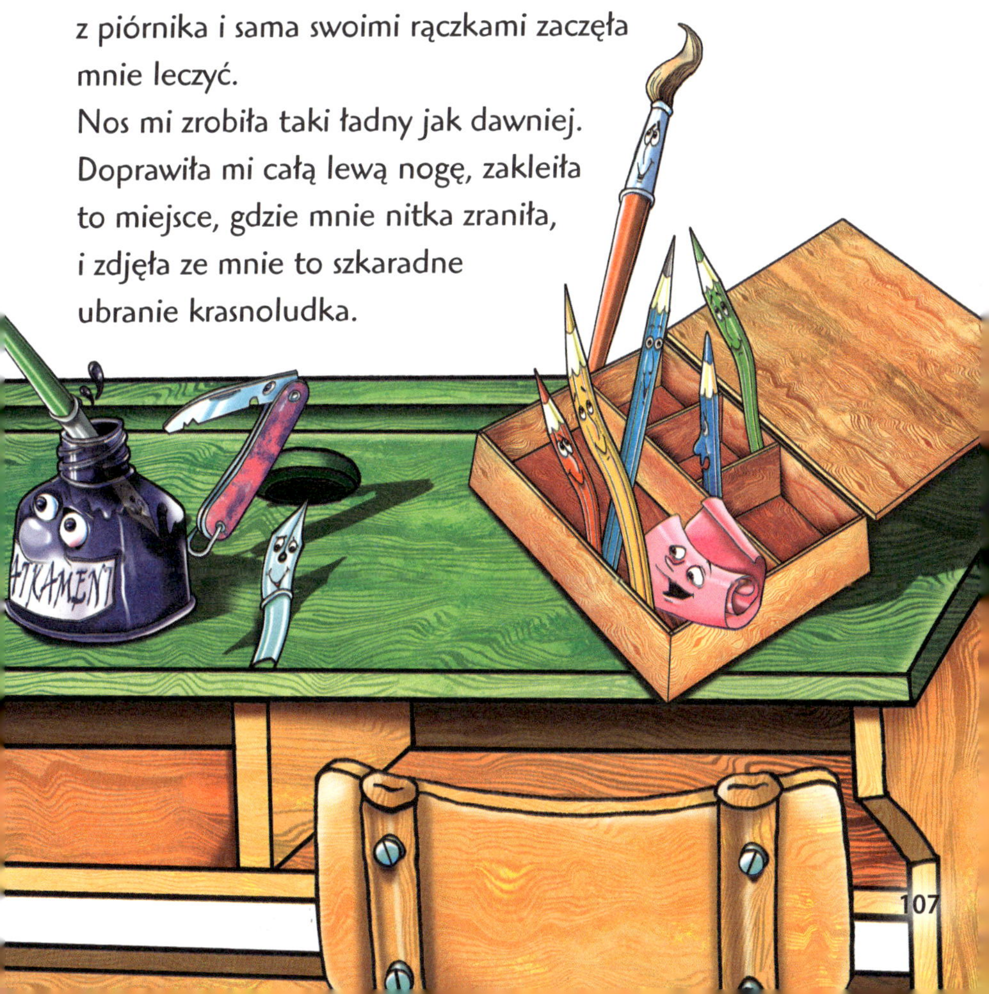

Joasia zawołała:

— No, już Plastuś zdrowy!

A Tosia posadziła mnie na wycieraczce w moim piórnikowym pokoiku.

Było mi dobrze i wesoło, aż tu nagle przypomniało mi się, jak się pyszniłem, że idę na choinkę, a oni wszyscy zostają w piórniku, i jak im chciałem zagrać na nosie!

A oni teraz tacy dobrzy!

Więc mi się zrobiło bardzo przykro i zacząłem zaraz gumę-myszkę i wszystkich przepraszać. A oni powiedzieli, że nic nie szkodzi; że oni w domu też mieli choinkę i że przybyły nam na gwiazdkę śliczne, kolorowe ołówki.

Zaraz się z nimi zapoznałem i znowu jest wszystko dobrze.

Znów jestem Plastusiem i nie chcę być niczym więcej.

Chcę już zawsze mieszkać tylko w Tosinym piórniku.

Spis treści

Jak powstał „Plastusiowy pamiętnik" 5

Dlaczego nazywam się Plastuś 9

O pamiętniku w czerwonym zeszyciku 11

O kleksiku z kałamarza, co na nikogo nie zważa 13

Żadna beksa nie pomoże na kleksa 16

Wiele krzyku o wycieraczkę w piórniku 19

O Tosi, o Bronku i o mysim ogonku 22

O moim biednym nosie i o szkaradnej Zosi 24

O Zosi niszczycielce historia smutna wielce 27

O tym, jak to z porządkiem było,
ale dobrze się skończyło 29

O farbach i o kłopocie wielkim,
czy można pisać pędzelkiem? 31

O chińskiej awanturze, o pędzelku i o piórze 34

Pudełeczko, podnieś wieczko! 36

Historia niewesoła wcale, jak do klasy przyszły lale 38

O Klarci ze szmatki i o sukience w kwiatki 41

O tym, co zrobił Jacek, i o nosie jak placek 43

O wyprawie cudnej na wyspy bezludne 46

O kwiatach w szkole i o kaktusie, co kole 49

Historia cała o porządku i o strzałach 53

O tym, jak kreda wytrzeć tablicy nie da 56

Jak się ze mną poznali ci, co w książkach mieszkali 59

O tym, jak od Lodzi dostałem samochodzik 62

Kogo się pantofel boi i o tym, co Fikuś nabroił 66

Bawimy się w chowanki – same niespodzianki 69

O tym, jak każdy spieszy naszą panią ucieszyć 72

O wydmuszkach, o placku,

o Mruczku, Fikusiu i nieznośnym Jacku 76

O dzielnych ratownikach z Tosinego piórnika 79

O Jacku-Bazgrocie, aucie z babcinego kapcia
i o piecuchu kocie 83
Tosiu, teraz zapamiętasz, jak szanować elementarz?! 86
O sreberku, o złocie i o wesołej robocie 90
Dobra nowinka – w szkole choinka 92
O tym, jak mnie szkaradnie łobuz z choinki kradnie 96
O mojej smutnej doli u Witka w niewoli 99
O Witku, o zbytku, o oparzeniu i o Tosi ogłoszeniu 102
O tym, jak to się staje, że mnie Witek Tosi oddaje 104
Dużo radości i krzyku, że znowu jestem w piórniku 106